中 国 工 会 创 新 工 作 法

“六步”工作法

预防化解劳动关系矛盾的闭环管理

上海市总工会——编著

中国工人出版社

“六步”工作法：预防化解劳动关系矛盾的闭环管理

编委会

出版说明

改革创新是时代发展的最强音，也是工运事业蓬勃发展的不竭动力。习近平总书记高度重视工会改革创新，强调要继续深化工会改革和建设，牢固树立大抓基层的鲜明导向，夯实基层基础，激发基层活力，不断增强基层工会的引领力、组织力、服务力。

为深入学习宣传贯彻习近平总书记重要讲话精神，推动中国工会十八大部署落地落实，促进工会工作品牌化和创新化建设，中华全国总工会策划出版“中国工会创新工作法”丛书，推出一批反映工会工作创新的典型工作法，提炼可复制、可推广的工会改革创新经典案例，集中展示中国工会改革创新实践。

从书收入的工会创新工作法，是各级工会坚持问题导向、目标导向，加强工会工作理念创新和方式方法创新的优秀代表。提炼这些工会创新工作法，既是工会组织将经过实践检验的工作经验提升到方法论层面的有益尝试，也可以为其他领域工作开展提供经验参考，推动各级工会进一步加强实践创新、理论创新和制度创新，不断绘就中国工会改革创新的新图景。

在出版丛书的同时，中国工人出版社还运用数字化手段，配套开发了工作法视频课程，开辟了线上学习专区，借助学习平台促进工会创新工作法直达广大工会干部。希望丛书的出版能为工会工作创新搭建一个交流平台，促进更多工会创新工作法的产生，共同推动工会工作高质量发展。

目录

引　言

预防化解劳动关系矛盾，参与构建中国特色和谐劳动关系，是工会组织有效发挥桥梁纽带作用，发挥在党治国理政中的经常性、基础性作用，充分体现政治性、先进性、群众性的重要着力点。进入新时代特别是党的十九大以来，上海工会坚决贯彻落实党中央关于践行和发展“新时代中国特色和谐劳动关系”的决策部署，围绕推动高质量发展、发展全过程人民民主、推进文化自信自强、提高人民生活品质、维护国家安全和社会稳定等方面，以防范化解劳动领域突出风险矛盾为切入点，探索形成和健全完善了上海工会预防化解劳动关系矛盾特色实践路径的“六步”工作法，为促进工会组织团结统一和职工队伍和谐稳定，为维护企业和社会大局和谐稳定作出了积极贡献。

上海工会预防化解劳动关系矛盾的“六步”工作法萌芽自2016年，形成在2017年，发展于2020年，成熟在2022年，并在持续完善优化。其诞生之初所处的历史方位，是党的十八大以来中国特色社会主义进入新时代，因此，我们将时间跨度选定在新时代的11年，即2012年至2023年，横跨党的十八大、党的十九大、党的二十大和国家及地方“十二五”、“十三五”、“十四五”规划时期，以期从更长的历史维度和更宏观全局的角度来系统审视和全面检验“六步”工作法。

第一章

社会变革与工会改革

劳动关系是生产关系的重要组成部分，是最基本、最重要的社会关系之一。劳动关系的发展变化，是不同历史时期经济发展和社会变革进程的具体映射，既深刻反映了经济体制改革的内在动因和内部需求，又直观呈现了社会发展变革的前进脉络和具体走向，具有鲜明的历史印记和时代特征。因此，置于历史沿革和时代发展的大背景下，全面审视过去一段时期经济社会总体形势和上海劳动关系总体状况，是准确把握、认识和阐述上海工会“六步”工作法的基本前提。

同时，伴随着经济社会的发展变化，劳动关系、职工队伍出现许多新情况新问题，给深化工会改革提出新课题新任务。上海作为中央党的群团改革首批试点城市之一，率先解放思想、凝聚力量、赢得主动、健全机制，使得工运事业迅速打开局面，又为解决这些新情况新问题提供了新机遇新思路，因此，通过对上海落实党中央决策部署和群团改革要求，全面推进工会改革实践的回顾总结，更有助于把握工作规律和内在逻辑。

一、经济社会形势及发展变迁

党的十八大以来，中国特色社会主义进入新时代，我国的经济由高速增长阶段转向高质量发展阶段。上海作为我国改革开放的前沿窗口和对外依存度较高的国际大都市，其经济社会发展既首先受到外部环境深刻变化带来的重大挑战，也面临着全球治理体系和经贸规则变动，特别是我国引领推动经济全球化健康发展带来的新机遇。

进入新时代，上海经济社会发展变迁大体可以划分为两个阶段，即“创新驱动、转型发展”阶段和“创新驱动发展、经济转型升级攻坚期逐步转入高质量发展”阶段。

（一）“创新驱动、转型发展”阶段

2012 年党的十八大以来至 2017 年，我国正处于全面建成小康社会的决定性阶段，上海经济正进入“创新驱动、转型发展”阶段。当时，我国仍处于工业化、城市化加快发展时期，国内市场需求潜力巨大，再加上上海自身智力资源较丰富、商务环境较规范、城市开放度较高以及世博

后续效应释放，为上海未来发展提供了坚实基础。同时，外部环境复杂严峻，各种风险挑战变化交织，国际金融危机影响深远，世界经济增速减缓，需求结构显著变化，气候变化、能源资源安全等全球性问题更加突出，各种形式的保护主义抬头，我国发展中长期积累的矛盾还没有根本解决，不平衡、不协调、不可持续问题依然突出，使得上海发展环境面临着许多不确定性因素。

在这一时期，上海经济社会发展中存在的瓶颈制约和突出问题主要表现在：资源环境约束趋紧，商务成本攀升，高层次人才缺乏，创新创业活力不足；城市管理和城市安全任务艰巨，城乡区域发展协调性有待增强；常住人口总量快速增长，人口老龄化程度加剧，基本公共服务和社会保障压力加大，收入分配差距较大，群体利益诉求日趋多样、协调难度增加，社会矛盾增多；体制机制瓶颈更加凸显，改革攻坚任务更加艰巨。传统发展模式已不可持续，发展转型迫在眉睫。

因此，“创新驱动、转型发展”阶段，上海经济社会发展的总体思路是积极把握国家建立自由贸易试验区和实施扩大内需战略的机遇，充分发挥市场在资源配置中的基础作用，坚持以改革创新统领全局，加大稳增长、调结构、转方式、惠民生力度，特别大力推进产业结构战略性调整，按照高端化、集约化、服务化，推动一二三产业融合发展，加快发展先进制造业，改造提升基础和传统产业，加快构建以现代服务业为主、战略性新兴产业引领、先进制造业支撑的新型产业体系。

（二）“创新驱动发展、经济转型升级攻坚期逐步转入高质量发展”阶段

2017 年党的十九大召开以来至 2022 年，是我国全面建成小康社会决胜期。2022 年党的二十大开启全面建设社会主义现代化国家新征程，向第二个百年奋斗目标进军。上海也乘势而上，从创新驱动发展、经济转型升级攻坚期逐步转入高质量发展阶段。

当时国际国内的总体形势是，经济全球化遭遇逆流，世界经济在深度调整中曲折复苏，国际金融危机深层次影响在相当长的时期内依然存在，特别是新冠疫情全球大流行使得百年未有之大变局加速演变，国际环境不稳定、不确定因素增多。我国发展不平衡、不协调、不可持续问题仍然突出，但经济稳中向好、长期向好的基本面和趋势没有改变，经济发展具有巨大潜力、韧性和回旋余地，仍处于可以大有作为的重要战略机遇期。经济发展进入新常态，以创新、协调、绿色、开放、共享的新发展理念引领未来发展，将成为关系我国发展全局的一场深刻变革。

在这一时期，制约上海发展的明显短板和突出问题主要是：经济保持稳定增长和转型升级面临的挑战增多，创新驱动发展动能势能亟待加强，发展的质量和效益亟须提高；人口总量和结构性矛盾凸显，老龄化程度加剧，高层次人才比重偏低，人才、土地等要素资源对高质量发展的约束需要加快破解；资源环境底线约束更加趋紧，应对潜在风险隐患对超大城市安全运行的挑战一刻也不能松懈，城市管理、生态环境等方面仍需不断提升品质；城乡发展差距依然明显，推进基本公共服务均等化任务较重，医疗、教育、交通、食品药品安全等领域瓶颈凸显；城市发展的软环境仍待改善，市民素质和城市文明程度需要提高，国际化、市场化和法治化水平需进一步提升。

因此，这一时期，上海经济社会发展的总体思路是以新理念引领新发展，主动适应新常态、深刻把握新常态、积极引领新常态，全面落实国家战略，转换发展动力，优化经济结构，提高发展水平，更加注重提高发展质量和效益，着力加强供给侧结构性改革，持续推进创新驱动发展、经济转型升级。转入高质量发展阶段后，上海经济社会发展的重点是全力服务构建新发展格局，着力强化城市功能内核，全面推进城市数字化转型，全面拓展和优化城市发展空间，深入推进市场化改革，统筹经济社会发展与安全。

（三）新时代以来上海经济社会形势发展变化的主要特点

过去 11 年，上海持之以恒推进创新驱动发展、经济转型升级，咬住目标、迎难而上，经受住了外部环境复杂变化和新冠疫情严重冲击的考验，经济社会发展的动力更加强劲、活力加快释放，城市更加开放、包容、向上，充分展示了社会主义现代化国际大都市的吸引力、创造力和竞争力，并正向着高质量发展“五型经济”大踏步迈进，为上海劳动关系和谐稳定和健康发展提供了动能。

在上海经济发展整体向好的大背景下，仍不可忽视存在的各种挑战与变化，尤其值得引起我们充分正视和高度关注的是，上海经济社会发展、前进中不可避免地出现一系列问题，包括需求收缩、供给冲击、预期转弱三重压力，以及与之相伴的经济增速放缓、产业转型艰难、吸纳就业能力下降等现象，在一定程度上增加了上海劳动关系的复杂性和不确定性。

二、劳动关系特征及发展状况

劳动关系的演化是一个持续地从量变积累进入质变并且不断交替前行的过程。从中华人民共和国成立之后国营企业的终身雇佣制，发展到1978年改革开放初期多种所有制形式下的劳动合同，再到1992年改革开放进入新阶段后的国企改制和《劳动法》出台带来的劳动体制改革，再到2002年全面建设小康社会催生的劳动关系协调发展，直到2012年我国进入新时代经济高质量发展阶段与之相适应的和谐劳动关系，每一次劳动关系的演化，都是一个时期经济社会形势的晴雨表。

经济社会形势中影响劳动关系的主要变量，既包括经济增长、产业结构、就业政策、就业机会、收入分配、社会保障等经济大盘基本面数据，又包括劳动关系协商协调机制、企业生产经营状况、劳动者就业能力等个性化因素。同时，我们还要注意到，经济社会形势发展变化向劳动领域传导和对劳动关系产生影响，通常需要一定的反应期，即存在滞后性，这也是我们将该项工作的时间跨度前移至 2012 年的另一个重要原因。

（一）强化就业优先政策

上海千方百计扩大就业，实施更加积极的就业政策，创造平等就业机会，促进就业机会更加充分，就业环境更加公平，就业能力进一步提升，就业结构得到优化，劳动关系更加和谐，就业质量不断提高，推动就业形势保持总体稳定。

出台的规划措施和扶持政策主要有：创造更多就业岗位，在经济结构调整中拓展就业空间。多渠道增加就业，支持服务业和中小企业发展，积极发展各类创业园区。提高劳动者就业能力，以企业为主体，提升企业职工和农民工岗位技能，特别是根据劳动者的不同需求开展分类培训，通过加强技能培训，全面提高劳动者的职业素质和提升就业能力。加强劳动者就业服务，健全统一规范灵活的人力资源市场，健全失业监测预警制度。促进创业带动就业，加强对创业企业的扶持和服务。

（二）积极构建和谐劳动关系

2012 年，党的十八大明确提出构建和谐劳动关系。2015 年《中共中央 国务院关于构建和谐劳动关系的意见》出台。上海对应提出积极构建和谐劳动关系，妥善化解劳动争议，建立健全劳动关系预警和应急处理机制，完善劳动用工管理制度，规范用工秩序，推进集体协商，努力实现同工同酬。依法推动企业普遍建立工会组织，探索基层工会“公推直选”制度和建立专业工会干部队伍，切实维护劳动者权益。加强劳动保护，注重对新成长劳动者的人文关怀。

完善统一规范灵活的人力资源市场，形成有

利于公平就业的制度环境。依法规范劳务派遣用工，促进实现同工同酬。落实职工带薪休假制度，加强劳动安全卫生执法监督，保障职工休息休假和获得劳动安全保护的权利。健全劳动关系协调机制，加强劳动保障执法监督和劳动人事争议调解仲裁，有效预防和化解劳动关系矛盾。加大对工作环境差、劳动强度大的公用事业行业等一线劳动者的关爱，切实改善其工作条件。

（三）合理调整收入分配关系

促进居民收入较快增长，坚持居民收入与经济增长同步，劳动报酬与劳动生产率提高同步，促进收入分配与经济增长、劳动生产率提高相适应协调，与行业特点、发展规律相适应协调，与完善激励约束机制相适应协调，更加注重缩小收入差距。

多渠道增加和稳步提高城乡居民收入，有序深化收入分配制度改革，完善与社会主义市场经济相适应、符合不同行业特点与发展规律的分配机制。推进企业和行业工资集体协商，发挥工资指导线、劳动力市场（岗位）工资指导价位和行业人工成本等对企业工资分配的调节作用，推动形成反映人力资源市场供求关系和企业经济效益的工资决定机制、正常增长机制和支付保障机制，鼓励促进按劳分配和多种生产要素按贡献参与分配，让知识密集型的创造性劳动获得应有的报酬。稳步提高养老金、低保、失业保险等民生保障待遇标准。

建立科学规范的收入分配秩序。保护合法收入，规范隐性收入，取缔非法收入，努力消除行政垄断等非市场因素对收入的影响，完善以税收、社会保障、财政转移支付为主要手段的再分配调节机制，加快形成以中等收入群体为主体的橄榄型收入分配格局。

（四）职工队伍发展状况

新时代以来，上海就业总量从 2012 年的 1115 万人增加至 2014 年的 1365 万人后基本趋于稳定。职工年龄结构稳定合理，中青年职工为主要构成群体。职工队伍学历水平呈倒“金字塔”形分布的特点，受教育水平大幅提高。以产业工人队伍改革为抓手，职工技能体系日益完善，职工职业素质能力普遍提升，技能人才比例不断优化。劳动者维权意识明显增强。

随着上海产业结构调整加速，职工行业分布也持续由第二产业向第三产业转移，传统的批发和零售、建筑业等行业单位规模逐渐缩小，第三产业的不同行业职工数量增减差异较大，小企业从业者数量增长迅速，灵活就业人员和新就业形态劳动者快速增长。

劳动合同仍然是确立劳动关系的主要形式，职工工作岗位稳定性高，择业观更加务实、眼光更加长远，经济收入仍然是职工更换工作最重要的原因。在此期间，上海职工收入保持了持续、平稳增长的势头，且高于上海 GDP 的年均增幅。基本社会保障覆盖范围不断扩大，待遇水平稳步提高，工会职工互助保障等发挥了重要补充作用。

（五）企业合规经营状况

企业诚信守法与合规经营理念不断增强，劳动用工风险防范意识显著提升，上海市劳动合同签订率维持在较高水平。更多企业充分认识到了集体协商和民主管理制度的优越性，将职工代表大会、职工董事、职工监事、厂务公开等民主管理制度融入企业法人治理结构体系，区域性行业性集体协商、协商恳谈会、全网集体协商等民主协商形式不断丰富，线上职代会、楼宇议事会等民主参与渠道不断拓展，职工群众的知情权、参与权、表达权、监督权得到有效保障。

以协商、调解、仲裁为主要形式的非诉讼纠纷解决机制，成为越来越多职工和企业解决劳动争议的首选方式，全市人社、工会、司法行政的劳动争议调解中心（职工法律援助中心、公共法律服务中心）、调解类社会组织以及企业内部建立的劳动争议调解委员会等，日益发挥着定分止争的重要作用。

三、工会的政治责任与使命担当

2015 年中央党的群团工作会议后，上海工会积极落实群团改革试点任务，立足“增三性”、“去四化”、“促三转”，进一步聚焦履行工会维权服务基本职责，以始终坚持党对工会工作的领导、思想政治引领职工群众为牵引，把惠及职工群众作为工会改革的出发点和落脚点，着力在建机制、强功能、增实效、育队伍上下功夫，创新推出了一系列改革举措。正是在这样的大背景下，上海工会预防化解劳动关系矛盾工作的思路得到开拓，手段不断丰富、形势日趋多元、基础更加稳固，进而为“六步”工作法的孕育和诞生提供了适宜的环境和充沛的养分。

（一）工会改革的宏观考量

做好工会工作，必须胸怀“国之大者”，顺应大势、把握大事。习近平总书记指出，当前世界正在经历百年未有之大变局，这是大发展的时代，更是大变革的时代。必须“准确识变、科学应变、主动求变”，深刻认识新阶段新特征新变化，推动工会工作不断适应新的形势和新的变化。

工会是劳动关系矛盾的产物，与经济发展密切相关。2008 年国际金融危机以来，世界经济进入十多年的发展停滞阶段，由于各种政治、经济及地缘因素的影响，经济全球化遭遇逆流，世界进入动荡变革期，我国经济发展和产业安全面临严峻挑战。通过对国内特别是上海经济社会形势和劳动关系发展状况的梳理分析，更加能够发现，在世界经济复苏乏力的大背景下，上海作为国家对外开放的窗口和前沿阵地，较早感受到世界经济下行带来的压力。因此，在重视国际大循环的同时，必须考虑国内大循环，寻找经济增长的内生动力，加快建设现代产业体系，实现扩大内需战略同深化供给侧结构性改革有机结合，这是推动经济发展实现从“量”到“质”的转型和提升并加速迈向高质量发展的关键所在。

科技变革是深化工会改革的又一个驱动力。当前我国科技和产业领域存在诸多“卡脖子”问题，成为我国经济特别是制造业再上新台阶的瓶颈。而能否抓住重大科技成果突破的契机，占领产业价值链的中高端，是中国经济转型升级的关键。实现科技创新，人才是关键、队伍是基础。工会如何发挥好“大学校”作用，在加强职工教育、建设高素质劳动大军方面积极作为，已成为各级工会的重大战略任务。数字化转型将从根本上改变经济发展方式，重新定义生产力和生产关系，全面重塑城市治理模式和生活方式，对产业发展、企业运行、职工队伍、劳动关系将带来持续的深远影响，必须加以高度关注。

现代社会治理体系正在发生深刻变化和调整。工会是参与社会治理的重要主体，必须研究分析社会治理发生的重大变化，更好地发挥工会在社会治理中的重要作用。职工群众的民主意识和参与意识不断增强，特别是随着信息技术发展和各种社交平台的产生，越来越多的劳动者已经形成通过网络开展社会交往和参与社会治理的行为依赖，然而，网络空间涉及劳动领域的虚假信息繁多，不少“博眼球、带节奏、拉仇恨”的热点话题引起职工群体的同情甚至共鸣，在缺乏客观理性发声和及时正确引导的情况下，往往会迅速发酵，呈现几何级数增长的态势。

（二）工会改革的政治责任

1. 提高发挥桥梁纽带作用的政治站位。

进入经济发展深刻变化的新时代，工会改革必须紧紧把握和适应国际和国内经济发展的趋势规律，在前瞻谋划和科学应对世界经济周期性波动、逆经济全球化产业安全、中等收入陷阱、新冠疫情冲击等变局中展现积极作为，特别是在参与处理和应对劳动关系重大风险隐患与矛盾纠纷方面，工会组织作为党的群团组织，要强化以职工为中心的工作导向，切实履行维护职工合法权益、竭诚服务职工群众的主责主业，有效发挥桥梁纽带作用，充分体现政治性、先进性、群众性，有力维护职工队伍和社会大局和谐稳定。

企事业单位民主管理制度经历了计划经济和市场经济两个时期的重要探索，并正随着我国经济转向高质量发展阶段不断深化。虽然企业管理者拥有了更多经营管理的决策权，但涉及职工切身利益的重大决策，仍然毫无争议地要由广大职工决定。因此，各级工会组织也要加强对企业的联系指导，督促帮助更多企业转变经营理念，正视和尊重职工民主地位，积极在企业内部构建和谐劳动关系。

2. 站稳回应职工热切期盼的人民立场。

尊重职工主体地位，解决广大职工最关心、最直接、最现实的利益问题，是工会改革工作的根本出发点和落脚点。

共同富裕是中国式现代化的重要特征，生产劳动是实现物的全面丰富和人的全面发展的重要途径。在共同富裕路上，如何更好平衡职工与企业的各项利益主张，让企业发展成果更公平地惠及全体员工，这是从构建和谐劳动关系到走向共同富裕的必答题，国家、社会、企业和职工都是这一重大时代命题的答卷人，各级工会组织责无旁贷。

职工劳动保障权益受到侵害后能否得到及时充分的救济，是工会改革必须解决的突出问题。无论是采用协商、调解、仲裁还是诉讼等方式，工会组织都应该竭尽所能给予职工专业、便捷的帮助和支持，推动劳动争议的快速解决、源头化解。

3. 扛起助力经济高质量发展的时代责任。

经济增长内生动力的重要来源之一，就是发展壮大产业工人队伍和增强现代企业核心竞争力，因此，工会改革一定要顺应现代化产业体系发展趋势，围绕加快建设现代化经济体系，从赋能职工队伍和助力企业发展推进展开。

推进产业工人队伍建设改革，激发广大职工建功立业的积极性、主动性、创造性，是工会改革的又一个重大命题，重点是推动解决产业工人整体地位有待进一步提高、技能素质不能满足产业发展需要、职业发展通道依然不够畅通、作用发挥还不够充分等突出问题。

职工是企业站稳市场、扩大经营、长足发

展、抵御风险的重要依靠力量。因此，各级工会组织要鼓励、引导、支持企业积极践行新发展理念，自觉走高质量发展之路，将工会组织建设、集体协商、民主管理等制度机制融入企业法人治理结构体系，推动企业实现民主决策和科学管理。同时，也要不断增强企业依法合规经营意识、风险防范意识、安全生产意识、利益共同体意识，逐步形成优化法人治理结构、严格规范劳动用工、狠抓安全生产管理、完善薪酬激励机制的现代企业管理制度体系。

（三）上海工会的使命担当

1. 锚定工会改革的正确方向。

始终坚持党对工会工作的领导，坚持中国特色社会主义工会发展道路，在党和国家改革的大局中去谋划和思考工会改革，为包括维护职工权益在内的工会事业发展争取到了更多资源、平台和手段。

依托区域化党建推进区域化工建，根据经济社会结构新变化和职工队伍发展新趋势，充分整合党群工作资源，发挥党建引领作用，最大限度地把广大职工团结凝聚组织起来。

高标准实施红色工运历史场馆修缮和展陈提升工程，大力弘扬劳模精神、劳动精神、工匠精神，思想引领广大职工坚定不移听党话、矢志不渝跟党走。

构建“1+16+200”市、区、街镇三级政府与工会联席会议机制，建成“本市政府与工会联席会议议题库”，收录区级议题108个，街镇（园区、开发区）议题346个，为汇聚和依托政府力量更好助推工会工作提供了强有力的制度保障。

改革干部管理制度，严格落实工会主席按同级副职配备要求，配齐配强各级工会干部队伍。调整优化市总机关部室设置，亮点之一就是充分整合法律工作、民主管理、集体协商、社会联络等职能新设劳动关系工作部，为做好工会协调劳动关系相关工作提供更有力的组织保障。

构建线上线下融通的工会工作大格局，创设了“申工通”工作平台、“申工社”服务平台，打造上海工会系统200多个新媒体矩阵，并不断向B站、抖音等平台延伸拓展。

2. 努力使职工在工会改革中有更多获得感。

创新建会入会方式，通过扫码入会、做强“小二级”工会等举措，动员和组织更多非公企业特别是小微企业的职工以及新就业形态劳动者了解和加入工会大家庭。

完善劳动关系协商协调机制，会同人社、企联工商联建立劳动关系三方协商机制，指导督促各类型企业普遍开展集体协商和建立职工代表大会等企业民主管理制度，运用工会劳动法律监督“一函两书”（提示函、整改意见书、处理建议书）和实施和谐劳动关系建设优化指导服务，刚柔并济推动企业加强规范用工、正视并妥善处理劳动争议。

创新维权服务机制，在各街镇、仲裁院、法院以及部分开发区（园区）建立工会法律服务阵地，探索建立“应援尽援”和“零门槛”的职工法律援助服务制度，工会劳动争议调解效能也得到明显增强。

全面推进产业工人队伍建设改革，以劳动技能竞赛、构建和完善产业工人技能形成体系为发力点，不断提升职工技能和薪酬待遇，激发广大职工建功立业的积极性、主动性、创造性。

健全和完善职工服务体系，围绕文体教育、卫生健康、休息休闲、安全生产、困难帮扶、和谐劳动关系等，创新推出普惠制与个性化相结合的实事项目。

3. 推动工会改革赋能基层。

加强职业化社会化工会工作者队伍建设，为区域性、行业性工会联合会配备工作人员，不断健全完善社会化工会工作者招聘录用、教育培训、薪酬管理、绩效考核、职务晋升、职业发展等机制，增强基层工会履职能力。

推动财力资源向基层工会倾斜。出台街镇“小三级”工会建设经费补助实施办法，为企业体制外发展职工入会活动等给予经费补贴。为灵活就业人员提供权益维护、素质技能提升、帮困送温暖、劳动保护、文体活动等经费支持。做实经费下沉及小微企业经费全额回拨工作。

推动基层工会服务站点建设。协同党政相关部门及其他群团组织，支持基层工会建设职工之家、职工书屋、职工学堂、健身驿站、健康服务点、爱心妈咪小屋、户外爱心接力站、企业劳动争议调解委员会等实体服务阵地，做优做强基层工会服务。

积极争取政府资金支持，推动服务职工融入公共服务大循环。充分利用社会力量参与服务职工工作，通过购买服务、项目补贴、项目奖励等方式，孵化、凝聚一批能为职工提供专业服务的社会组织。

推动各级工会干部到基层一线调研走访，深入职工反映问题最突出、情况最复杂、矛盾最集中的园区、楼宇、街面、企业开展蹲点调研，研究掌握新情况、帮助解决新问题。

第二章

应对矛盾的工作探索

社会变革与工会改革全面呈现了劳动关系发展变化的整体性和延续性，深刻揭示了劳动关系矛盾产生的必然性和客观性，系统阐释了化解劳动关系矛盾的紧迫性和复杂性，也旗帜鲜明地指出了工会组织担当作为、勇挑重担的政治性、先进性、群众性。

身处勇当改革开放先行者、创新发展排头兵的上海，面对经济社会转型期不断凸显和多发的劳动关系矛盾，上海工会审时度势、积极作为，坚持以问题为导向，深入查找和研究剖析劳动争议案件的主要特点和问题成因，以协调劳动关系体系建设为主线，研究探索预防化解劳动关系矛盾的整体性、系统性思路和工作方案。因此，本章将主要介绍上海工会推进协调劳动关系体系建设工作的有关探索历程。

一、劳动关系矛盾的特点分析

工会组织在预防化解劳动关系矛盾中如何更

好发挥作用，是新形势下工会工作的一项重要课题。只有摸清底账、找到短板弱项、找准问题症结，才能有的放矢、对症下药，取得预期效果。

（一）劳动关系矛盾主要特点

1. 劳动争议易发多发。

2014—2016 年，全市劳动争议案件总量出现一轮快速增长，之后基本维持在一个相对稳定的区间但总量不低，且易发多发。从纠纷来源来看，调解仲裁受理劳动争议案件占比超过 80%，各级劳动保障监察机构受理举报投诉和各级法院受理劳动人事争议案件占比均低于 10%。

2. 劳动密集型企业纠纷居前。

近年来，上海市建筑制造、餐饮住宿、技术服务等劳动密集型行业劳动争议持续高发，每年占案件总量的六成以上。制造业纠纷位居劳动争议案件首位，其中，涉及外来务工人员的案件占比较高。

3. 民营小微企业劳资矛盾较为突出。

民营企业、小微企业是劳动争议主要案发地。2016 年以来，八成的劳动争议案件发生在民营企业，且受到劳动监察或行政处罚的企业中，绝大多数为小微企业。在因企业重大改革调整引发的群体性纠纷中，非公企业占比高达九成以上。

4. 群体性劳资纠纷占比极低但需要密切关注。

2014年以来，上海市总工会接报的群体性劳资纠纷维持在极低水平，虽然在每年劳动争议纠纷总量中占比极低，但是，由于矛盾成因复杂、化解难度较高，而涉及群体又相对较多，极易引发社会稳定风险。尤其是在关停并转迁以及股权结构变化等重大改革调整过程中，因处置不当引发的群体性纠纷占群案总量的一定比重，已成为劳动领域影响社会稳定的主要来源之一。

5. 劳动争议内容相对集中且开始出现利益性诉求。

从劳动争议内容看，劳动合同纠纷、劳动报酬两类争议占比八成左右。除了经济补偿金、加班工资、年休假、高温费等权利性诉求外，涉及涨工资、增加安置补偿费等利益型诉求也在出现，劳动者要求同时支付工资、加班工资差额、经济补偿金等情况时有发生。

6. 新业态用工争议逐步上升。

随着我国经济发展进入新常态，依托互联网平台从业的新业态用工大量涌现。虽然现在对这类新就业形态劳动者已经非常熟悉，保障也在不断完善，但在当时，这种“少量劳动用工（平台管理）+ 大量业务合作（劳务提供者）”模式的用工，对从业人员的劳动保障是非常欠缺的，能被认定为劳动关系的比例非常低。

（二）劳动关系矛盾主要成因

1. 产业结构调整和城市深度转型。

近年来，在供给侧结构性改革的大背景下，上海市部分国有企业需要削减产能，关闭生产线。上海当时正步入全面深化改革关键期，产业结构调整、“腾笼换鸟”计划和“五违四必”整治等措施的实施，必然涉及各类企业的改革调整以及产生对职工劳动关系的影响。受制于企业效益差、部分职工再就业能力差等客观原因，企业一旦涉及重大改革调整，个人诉求与企业安置能力就容易产生冲突。

2. 企业经营不善或存在短视投机行为。

一是部分企业尤其是小微企业，受融资成

本、原材料和人工成本上升等影响，企业经营利润不断下降甚至亏损并无力支付职工工资和社保，进而引发群体性劳资纠纷。二是企业经营权承包或业务分包，企业法人与实际经营人相互扯皮，职工合法权益无法有效落实。三是“P2P”、“O2O”等互联网金融概念企业兴起，由于缺乏行业准入标准监管和相关法律监督，极易出现兑付危机，进而引发因欠薪问题而导致的劳资纠纷。

3. 企业重大改革调整缺乏民主程序。

一是由于部分企业长期不遵守劳动法律法规，职工又缺少必要的民主监督意识或存在权利行使阻碍，企业一旦实施重大改革调整，矛盾便会立刻凸显和激化。二是企业民主协商意识缺乏，造成职工对企业调整改革方向不明，对预期劳动权益保障缺乏安全感，极易引发群体性劳资纠纷。三是法律法规对非公企业改革调整履行民主程序规定不够明确，一些企业冒险闯关。

4. 民主管理和集体协商制度在企业日常用工管理中作用发挥有限。

一是企业为降低用工成本，不履行集体协商

和民主管理程序，擅自提高劳动定额，将标准工时制度变更为综合工时制和不定时工时制以减免加班工资支付，引发职工不满。二是一线职工对企业长期不协商、不增加收入心怀不满，进而引发停工怠工纠纷。三是个别企业管理人员擅自行使管理职权，随意变更企业劳动规章制度，引发职工不满。

5. 欠薪问题尚未得到有效遏制。

建筑行业农民工欠薪问题长期成为引发劳动争议的重要原因。一是工资支付主体不明确。建筑工程从总包到分包再到劳务公司，一般有四至五个层级，工地项目经理不清楚劳动用工情况，任何层级出现问题就可能产生农民工欠薪问题。二是工程款未到位或出现结算争议等影响农民工工资正常支付。三是工资支付方式不合法，支付制度不完善。大多建筑施工单位惯以每月支付生活费，年终结算农民工工资，并通过个体承包者或班组长支付工资来转嫁用工风险。

6. 新业态用工给劳动争议评判带来新问题。

彼时，共享经济发展势头迅猛，催生了“互联网 + 经济发展模式”的新就业人群，然而，这种在当时尚属全新模式的用工，引发了不少劳动争议。一是网络平台与提供劳动服务者是否构成劳动关系成为难题。二是互联网企业运用的数据信息管理平台颠覆了传统的管理方式，就业群体诉求难以和企业管理人员直接沟通，酿成纠纷争议。

二、协调劳动关系的总体谋划

如前章所述，上海从2015年下半年开始，进行了群团改革的地方试点工作。上海工会改革牢牢抓住工会组织的定位，站稳职工立场，全面履行维护、建设、参与、教育各项职能，切实维护好、发展好职工各方面权益。

（一）工作遵循

劳动关系是现代社会最重要的社会关系，恩格斯指出，资本和劳动的关系，是我们全部现代社会体系所围绕旋转的轴心。党和政府历来高度重视构建和谐劳动关系，早在2011年8月，中央召开全国构建和谐劳动关系先进表彰暨经验交流会时，习近平同志就代表党中央出席会议并发表重要讲话，深刻阐述了构建和谐劳动关系的重大意义，对这项工作作出了部署。党的十八大报告明确提出，要健全劳动标准体系和劳动关系协调机制，加强劳动保障监察和争议调解仲裁，构建和谐劳动关系。2015 年 3 月，中共中央、国务院下发《关于构建和谐劳动关系的意见》，明确了当前和今后一段时期构建和谐劳动关系的基本原则、目标任务和重大举措，为这项工作指明了前进方向。2015 年 12 月，中共上海市委、市政府出台贯彻中共中央、国务院文件的实施意见，明确了上海市和谐劳动关系建设的目标任务和主要措施。

对工会在构建和谐劳动关系中如何发挥作用，习近平总书记多次提出明确要求，强调工会要发挥好协调劳动关系的作用，善于从两个方面做工作，既要站在职工的角度为职工说话办事，维护好职工的利益，也要从维护社会稳定的角度，加强对职工的引导；要推动发展和谐劳动关系，代表职工群众主动参与立法和政策制定，从制度上源头上保障职工群众利益、发展职工群众利益；要掌握好政策，既使职工利益得到维护，又使社会和谐得到保障；要深入研究劳动关系领域存在的突出问题，具体问题具体分析，有针对性地做好工作。这些重要论述，明确了工会在构建和谐劳动关系中的地位和作用，是上海工会做好协调劳动关系体系建设工作的根本遵循。

1. 以站稳职工立场为基本前提。

工会要旗帜鲜明地维护职工合法权益。如果不站在职工的立场，而是站在第三方立场或者和稀泥，就混淆了工会与行政的区别，很容易被职工抛弃。因此，工会在协调劳动关系中要牢牢站稳职工立场，积极为职工说话代言，当好职工利益的代表者和维护者。同时，要积极教育引导职工科学维权、理性维权、依法维权，也要教育引导职工尊重客观规律，用科学的理念和方式方法进行维权；教育引导职工增强大局观，合理表达利益诉求，避免采取过激的行动，努力维护社会和谐稳定；教育引导职工尊法守法学法用法，以法治思维、法治方式维护自身合法权益。

2. 以加强宏观参与为重要手段。

宏观参与是从源头上促进权利公平、机会公平、规则公平，实现社会公平正义的重要手段。宏观参与有力有效，工会就可以在党政主导的构建和谐劳动关系工作中占有一席之地，在源头上保障职工合法权益。不仅上海市总工会要将其放在更加突出的位置来抓，各区局（产业）工会也要主动作为，针对劳动关系领域的地方性法律法规的制定，以及企事业单位改革调整方案的出台，加强调研和政策研究，积极向上级工会反映，积极向党政报告，积极在全社会进行呼吁，有效反映职工意愿诉求，提出工会的意见主张并推动落实，为维护职工群众的整体权益和长远利益营造良好的法治环境和政策环境。

3. 以依法治理为根本方法。

劳动关系只有在法治框架内运行，方能稳定和谐。要深入贯彻全面依法治国战略，推动创建和谐劳动关系。各级工会组织要敢于和善于拿起法律武器，综合运用劳动法律监督手段，倒逼企业规范建制、增强依法用工意识。各级工会干部要认真学习各项劳动法律法规，把握立法宗旨、理解法律条款、知晓法定程序、了解法律实务，切实做到了然于心、运用自如。

（二）实现路径

工会协调劳动关系工作体系是一项系统性工

程，关联到工会的多方面工作，还涉及与相关部门单位和专业力量的协调衔接，因此，必须坚持问题导向和目标导向，综合运用系统思维和法治思维对实现路径进行整体研究和设计优化。

1. 注重系统谋划、整体推进。

防范、监测、预警、研判、处置是劳动关系矛盾的一个完整生命周期，我们的工作措施只要在其中的任何一个阶段充分发挥作用，矛盾就能得到暂时平息或者有效解决。辩证地来看，如果在其中某个或者多个阶段存在工作不到位甚至缺位的情况，矛盾激化的可能性就会大大提高。意识到这一点，我们就更加坚定必须采取稳扎稳打、环环相扣的工作方法，这是预防化解劳动关系矛盾的基本思路。

基于以上认识，上海工会尝试对协调劳动关系、深化企业民主管理、推进集体协商、化解劳动争议等相关工作进行全面梳理，对协同参与劳动关系矛盾预防化解工作开展系统性研究，以期找到各项工作优势与预防化解工作的结合点，以及各阶段工作的连接点，推动整个预防化解工作成体系、有章法，良性循环，作用叠加。

2. 注重防治并举、以防为先。

首先要集中力量把存量矛盾予以有效化解，就事论事解决个案问题。在此基础上，举一反三，研究解决更深层次的制度机制问题。解决劳动关系矛盾的最好办法是变"灭火"为"防火"、变"诊疗"为"把脉"、变"处置"为"体检"，不断推动关口前移，将源头预防工作做扎实，这也符合把矛盾纠纷解决在萌芽状态的工作要求。

预防工作的关键在于以制度化方式封堵漏洞、补齐短板。加快企事业单位民主协商和民主管理制度建设进程，尤其是在重大改革调整过程中的运用，是预防工作的主要发力点之一，要通过完善企业内部治理制度和建立民主监督机制，厚植企业诚信守法与合规经营的土壤，教育引导企业和广大职工坚持以协商民主作为平衡职工与企业双方利益诉求的优先选项，尽可能从源头上防范劳动争议的滋生。

3. 注重依法解决、合力化解。

依法履职是工会工作行稳致远的关键，依法解决是稳定劳动争议双方预期的关键。要善于运用法治思维和法治方式，把预防化解劳动关系矛盾各阶段工作全面纳入法治轨道，既要注意利用工会系统各类法治人才和法治阵地做好对职工法律援助服务的供给，又要注意激活法律监督手段对督促和规范企业用工的威慑，更要注意发挥工会源头参与立法的优势，推动劳动领域相关法规政策的制修订，从根本上促进和维护劳动关系和谐稳定。

寻求支持、合力化解是工会必须跨出的重要一步。劳动关系矛盾的复杂性、多样性、持续性和广泛性，决定了工会组织一定要主动争取同级党委的重视和相关部门的支持。要注意融入法治建设、平安建设等工作大局，密切与各相关部门的日常联络，尤其要在信息互通、会商研判等方面探索建立双边多边协作联动机制，汇聚预防化解劳动关系矛盾的多元强大力量。

4. 注重兼顾各方、分类指导。

劳动关系矛盾因地不同、因企而异，虽有普遍适用的工作思路和工作方法，但也要注意结合实际灵活运用。要客观认识和正确看待国有企业与非公企业、规模以上企业与小微企业、传统企业与平台企业在预防化解劳动关系矛盾上的差距和差异，特别是要根据企业组织形式、职工队伍结构、劳动关系、就业形态等方面的发展变化以及劳动关系矛盾的表现形式，结合企业和职工实际需求，提供差异化的预防化解相关指导服务。

分类指导工作要突出精准性和实效性，多考虑为企业减负增能，通过下沉力量、资源和服务，帮助企业及时发现劳动用工风险隐患和提供个性化解决方案，切实提高企业科学管理、合规经营能力水平。

5. 注重理顺关系、明确分工。

上海工会系统内部要注意明确上下级工作界面，做到指挥有力、执行有力、衔接有力。市总工会主要是抓大事、抓要事、管方向，重点加强顶层设计，推动劳动关系领域重大立法和政策制定，并就防范化解重大风险矛盾加强对下级的工作指导和提供支持支撑以及对已发生的重大案件、重点案例进行督查督办和协调协作。区局（产业）工会主要是抓统筹，重点针对化解劳资纠纷、开展集体协商、推动职代会建制、加强基层工会建设等方面开展工作，为基层工会依法履职“撑腰”，主动出面与企业直接沟通谈判，积极主动为职工群众说话代言、争取权益。基层工会主要是做好服务、当好“地线”，切实发挥自身作为工会推动构建和谐劳动关系的基石作用，着力强化服务意识、提高维权能力，重点放在督促基层单位遵纪守法、帮助职工排忧解难上，特别是在职工合法权益受到损害的情况下，要当好第一知情人、第一报告人、第一协调人。

三、“四位一体”制度体系

群团改革之初，上海市总工会就强调，工会是职工利益的代表者和维护者，突出工会维护职能，加强协调劳动关系体系建设，是各级工会极其重要的一项工作。全市各级工会要按照党的群团改革精神和上海市委、全国总工会的要求，站在构建和谐社会的高度，切实增强责任感、使命感，把突出维护职能，加强协调劳动关系体系建设作为当前和今后一段时期一项紧迫任务，摆在更加突出的位置，采取有力措施抓实抓好。

2016 年 3 月，上海市总工会制定下发了《关于突出维护职能，加强工会协调劳动关系体系建设的指导意见》，确定了当前和今后一段时期全市各级工会突出维护职能、加强协调劳动关系体系建设的目标任务，即按照党中央和上海市委关于构建和谐劳动关系总体要求和党的群团改革总体目标，加大参与协调劳动关系矛盾力度，实现工会法律援助、法律监督、集体协商、民主管理制度的机制整合，不断破解基层工会尤其是非公有制企业工会组织在调处劳动关系矛盾、维护职工权益方面的瓶颈难题。

（一）基本方法

为有效整合工会协调劳动关系的资源力量，上海工会明确提出构建工会法律援助、法律监督、集体协商、民主管理四位一体的工作体系，四者相互联系、有机整合、密切配合、形成合力。加强协调劳动关系体系建设的方法路径是反向倒逼和正向推进相结合。

1. 反向倒逼。

反向倒逼就是以问题为导向，对已经发生劳动关系矛盾又无视职工合法权益的企业，通过加大调处化解劳动关系矛盾、职工法律援助、工会劳动法律监督、工会组建和集体协商、职代会制度的工作力度，以及工会法律政策的源头参与，着力破解工作中瓶颈难题，促进各项工作相互衔接、互为整合，着力发挥工会组织在协调劳动关系体系中的机制性作用（如图 1 所示）。

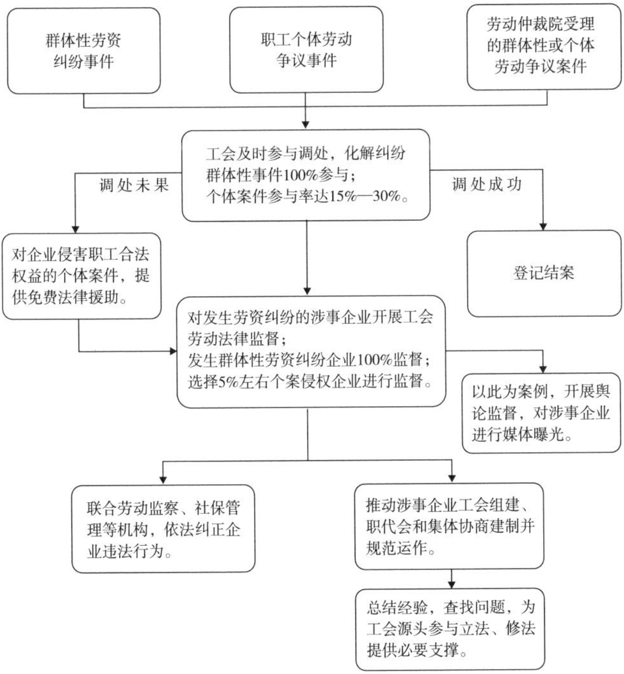

图 1　反向倒逼路径图

2. 正向推进。

正向推进就是按照劳动关系建立、运行、监

督、调处的规律，正面指导和推进企业着力加强劳动合同、集体协商、职代会民主管理、劳动争议调处等制度建设，努力推动企业解决职工"三最"利益问题，以制度建设有序预防和解决各类影响劳动关系稳定的问题，促进企业和职工在共建中共享企业发展成果，促进劳动关系稳定和谐（如图 2 所示）。

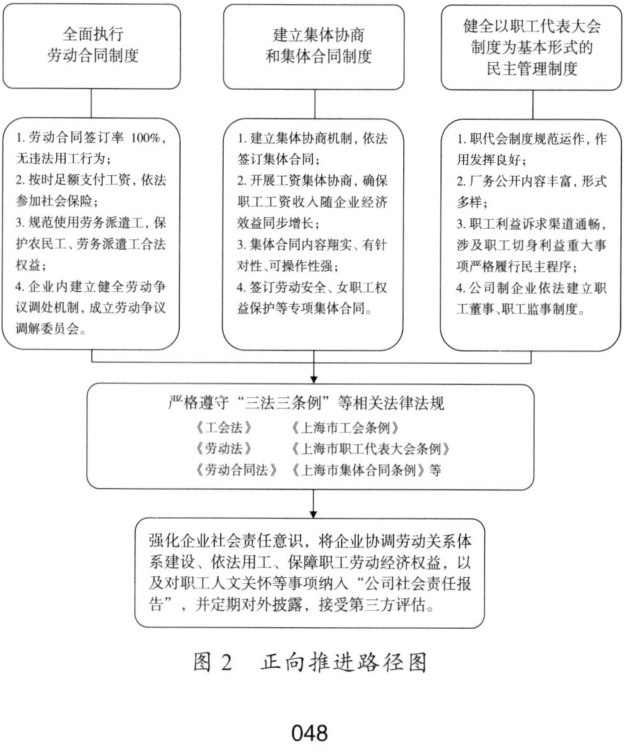

图 2　正向推进路径图

对于工会组织和协调劳动关系制度不健全、工作基础薄弱，劳动关系不和谐，劳资矛盾多发频发的企业，要坚持以“反向倒逼”的方式，积极参与劳动关系矛盾调处工作，充分发挥工会组织的维护职能。

对于工会组织相对健全、各项协调劳动关系制度基础相对较好的国有及控股企业、规模以上非公有制企业的工会组织，以“正向推进”方法，发挥工会在协调劳动关系体系建设中的积极作用。

（二）工作重点

1. 法律援助。

群团改革以来，上海工会全面加大职工法律援助工作力度。一方面，扩大了职工法律援助受益对象，对职工合法劳动经济权益诉求实现“零门槛”援助服务，把劳动争议多发、职工权益易受侵害的行业和区域作为重点，把群体性劳动争议案件中权益受到侵害的职工、低收入职工、农民工和持有上海市有效工会会员服务卡的职工作为重点服务对象。

另一方面，改善工会法律援助服务方式，努

力实现两个“应援尽援”，即对因劳动侵权行为寻求工会帮助的会员，工会应当提供无偿的协商、调解服务，协调不成且确属侵权的，提供免费的代理仲裁、诉讼服务，实现“应援尽援”。工会在参与调处劳动争议过程中发现侵害职工合法权益的情况，要“应援尽援”，使工会的维权惠及更多职工。

2. 法律监督。

通过多年的工作实践，上海工会越来越深刻地感受到，工会劳动法律监督在“四位一体”协调劳动关系体系建设中发挥着承上启下、相互辐射、互为整合的功能，是推动工会有效协调劳动关系，实现维护职能的基础和关键。首先，工会劳动法律监督是国家法律监督体系的重要组成部分，是工会依法有据地推动法律援助、集体协商、民主管理，从而实现有效维权的主要抓手和重要载体。其次，工会劳动法律监督在实施过程中，通过上承企业民主管理和集体协商，下接劳动关系矛盾的预防调处，能够促使许多苗头性、倾向性的劳动关系问题及时有效地解决于萌芽之中。最后，工会劳动法律监督在调处劳资矛盾，尤其是群体性劳资纠纷，为职工提供法律援助的同时，更能及早发现问题，督促企业同步依法组建工会、推进建立民主管理和集体协商制度。

为此，上海工会确立了深化工会劳动法律监督“二个重点延伸”、“四个有机结合”的工作思路，即在坚持工会劳动法律监督原有的对职工工资支付、女职工特殊权益保护、劳动安全卫生、农民工权益等专项劳动法律监督的基础上，重点要向劳资矛盾预防化解和工会组建、职代会与集体协商建制延伸；工会劳动法律监督要与各级人大执法检查、厂务公开检查、政府部门的劳动保障监察等机构结合，与政府信用信息平台和社会诚信体系结合，与舆论监督公开谴责结合，与推动完善立法修法结合。

为加强工会劳动法律监督制度的顶层设计，2017 年 9 月，上海工会出台了《上海市总工会关于开展定向劳动法律监督的实施办法》等制度文件，明确对群体性劳资纠纷发生企业实施 100% 的劳动法律监督，在职工法律援助受理案件中选择 5% 左右严重侵犯职工个体权益的企业开展劳动法律监督。

对群体性劳资纠纷企业的定向监督每季度定期实施，对个体侵权企业的定向监督则即时实施。同时明确群体性劳资纠纷企业的定向监督重在检查原来事发案由是否得到真正解决，是否存在其他劳动关系的隐患矛盾，并以工会劳动法律监督"一函两书"以及政府信用信息平台为手段，在查处纠正企业违法行为，预防恶性劳资矛盾的同时，重点推进这些"问题企业"工会组建、职代会和集体协商建制并规范运作。

3. 集体协商。

全面贯彻实施新修订的《上海市集体合同条例》和《上海市职工代表大会条例》，推动企业集体协商提质增效。围绕企业工资分配制度、工资标准及其调整方式、休息休假和福利待遇等进行集体协商，突出针对性和实效性。加大分类指导，对生产经营正常和效益较好的企业，按照"两提高、两同步"的要求，实现工资和福利待遇合理增长；对生产经营比较困难的企业，通过协商完善工资支付保障机制，维护职工的劳动权益。推进"上代下"的工资集体协商法律指导及援助服务，强化行业集体协商。

积极推进特殊时期集体协商。新冠疫情期间，上海市总工会聚焦企业生产经营迫切需要尽快恢复、职工合法权益迫切需要得到维护、社会发展迫切需要保持稳定这“三大需求”，强化疫情防控期间集体协商的制度设计，联合市企联、市工商联共同下发《关于在疫情防控期间做好企业集体协商工作的相关提示》，围绕薪酬调整、轮岗轮休、缩短工时等事项，指导企业和职工在特殊时期开展一事一议、及时灵活的集体协商，得到了企业和职工的普遍欢迎。

4. **民主管理。**

健全完善职代会制度。推动国有企业全面履行职代会各项职权，规范职代会民主程序，落实各项工作制度。充分发挥集团、分（子）公司和基层单位多级职代会的联动作用。按照要素管理、阶段推进原则，指导和规范非公有制企业职代会建制和规范运作，强化激励约束措施，循序渐进提高非公有制企业职代会的运行质量。加大职代会制度实效评估，通过职工代表巡视检查，不断提升工作效力和职工群众的知晓度和满意率。

大力推进职工董事、职工监事建制，有效规范董事会、监事会对公司重大劳动关系问题和与职工切身利益相关事项的工作职责。进一步规范职工董事、职工监事向职代会述职和接受职工代表民主评议制度，切实推动职工董事、职工监事工作职责落到实处。

四、“六步”工作法的经验

2020 年，上海市总工会总结提炼近些年来上海市各级工会在劳动关系矛盾预防化解工作方面的创新做法，经过反复讨论和深入论证，逐步形成一个相对完整的“六步”工作法工作路径图，即从排摸体检入手，经过会商研判、协商民主、联动调处、法律援助、定向监督六个关键步骤，形成工作闭环，努力将劳动关系矛盾化解在基层、解决在前端、消弭于体制机制框架内。

这一工作做法的总结材料报送给全国总工会后，以《“六步工作法”有效化解劳动关系矛盾——上海市总工会的探索与实践》为题，刊载在中国工运研究所《劳动关系与工会运动研究及动态要报》（2021 年第 3 期），得到了全国总工会主要领导的高度肯定。

之后，全国总工会基层工作部、法律工作部、社会联络部等业务部门，先后来上海开展专题调研，指导帮助上海工会进一步梳理工作经验，讨论研究今后的完善路径。

上海市总工会在全国总工会相关业务部门的指导下，进一步提炼总结全市各级工会组织协调劳动关系工作经验和做法，以巩固完善“六步”工作法，形成操作手册，以更好地指导规范全市各级工会组织预防化解劳动关系矛盾工作，履行维权服务基本职责，构建和谐劳动关系。

2021 年 5 月，上海市总工会制定印发了《上海工会预防化解劳动关系矛盾“六步工作法”操作指南》，明确了适用范围、指导思想、基本原则、主要步骤等内容，指导督促各级工会切实做好劳动关系工作。之后，通过召开全市推进会以及专题业务培训班，推动“六步”工作法进企业、进商圈、进园区，并与各级工会协调劳动关系整体工作有机融合。“六步”工作法改变以往相关职能部门各自为政、碎片化等问题，将预防化解工作作为一项系统工程予以推进，从隐患消除、风险防控到多元化解形成全周期、全链条、全要素的劳动关系矛盾纠纷排查化解工作机制，以守牢劳动关系与职工队伍和谐稳定的工作底线。该指南适用于全市各级工会组织在履行主责主业，参与预防调处各类劳动关系矛盾，维护职工合法权益，构建和谐劳动关系的各项工作。

（一）指导思想

深入贯彻总体国家安全观和中央关于构建和谐劳动关系工作精神，按照中共上海市委和全国总工会决策部署要求，从上海实际出发，进一步健全完善各级工会组织从隐患消除、风险防控到多元化解的全周期劳动关系矛盾纠纷排查化解工作机制，坚持整体谋划、系统集成，坚持防治并重、以防为先，坚持法治思维、民主协商，坚持分类指导、分级管理，创新参与社会治理工作方法，努力维护职工权益和队伍稳定，为促进经济社会和谐发展作出新的贡献。

（二）基本原则

1. 坚持党政主导，源头参与。

各级工会组织应当积极参与党委统一领导的维权维稳工作机制，坚持源头治理劳动关系矛盾。巩固深化向党委汇报制度，加强政府与工会联席会议制度建设，在同级党委领导和政府统一部署下，积极参与处置预防化解劳动关系矛盾工作，推动事态及时平息，秩序恢复正常。

2. 坚持法治思维，民主协商。

各级工会组织要按照《工会法》、《劳动法》、《公司法》、《劳动合同法》、《上海市工会条例》、《上海市集体合同条例》、《上海市职工代表大会条例》等法律法规要求，将依法履职贯穿于预防化解劳动关系矛盾各项工作的始终。要着力发挥集体协商、职工代表大会、职工董事、职工监事等制度在协调劳动关系中的机制性作用，加强制度规范化建设，从源头上预防群体性劳动纠纷。

3. 坚持职工为本，利益兼顾。

切实履行工会基本职责，把维护职工合法权益作为预防化解劳动关系矛盾的根本出发点和落脚点。兼顾企业发展，教育引导职工理性客观看待企业生产经营过程中作出的各类改革调整，指导企业及时公开重大改革调整和涉及职工切身利益的重要事项，并依法履行协商民主程序，有序解决企业和职工的各类利益矛盾，促进企业和职工共克时艰、共谋发展。

4. 坚持资源整合，多方联动。

主动跨前一步，加强与党政部门和有关方面的横向联动。进一步深化“四方合作”、“三方协商机制”建设，切实发挥各级厂务公开工作领导小组成员单位作用，共同做好预防化解劳动关系矛盾工作。推动实现各方资源整合、信息共享、联动调处的常态化工作格局，共同促进企业用工更加规范，劳动关系协调制度更加健全，共同预防化解作用更加明显。

5. 坚持压实责任，履职督导。

上海市总工会健全完善预防化解劳动关系矛盾工作责任督导机制，加强对各地区、系统（产业）工会督查考核，每半年向各地区、系统（产业）党委通报同级工会预防化解劳动关系矛盾履职情况，表扬先进，通报批评工作不力的单位。各地区、系统（产业）工会也建立相应机制，明确责任、上下衔接、有效贯通，推动预防化解劳动关系矛盾工作责任到位，落地见效。

第三章

“六步”工作法路线图

承前所述，上海工会提炼总结了一个系统、完整的预防化解劳动关系矛盾“六步”工作法机制。本章将翔实介绍上海工会预防化解劳动关系矛盾“六步”工作法具体操作策略及步骤，以便读者对上海工会的工作实践和经验做法有更直观、深入的了解。

从实务操作的角度，“六步”工作法的实践路径是：各级工会结合本地区、本系统、本单位实际，从排摸体检、会商研判、协商民主、联动调处、法律援助、定向监督六个关键步骤精准发力、综合施策，及时有效地预防化解劳动关系矛盾，积极履行工会主责主业，切实维护职工劳动保障权益，有力维护职工队伍稳定，推动构建和谐劳动关系。

如图 3 所示，“六步”工作法具体操作策略及步骤依次为：

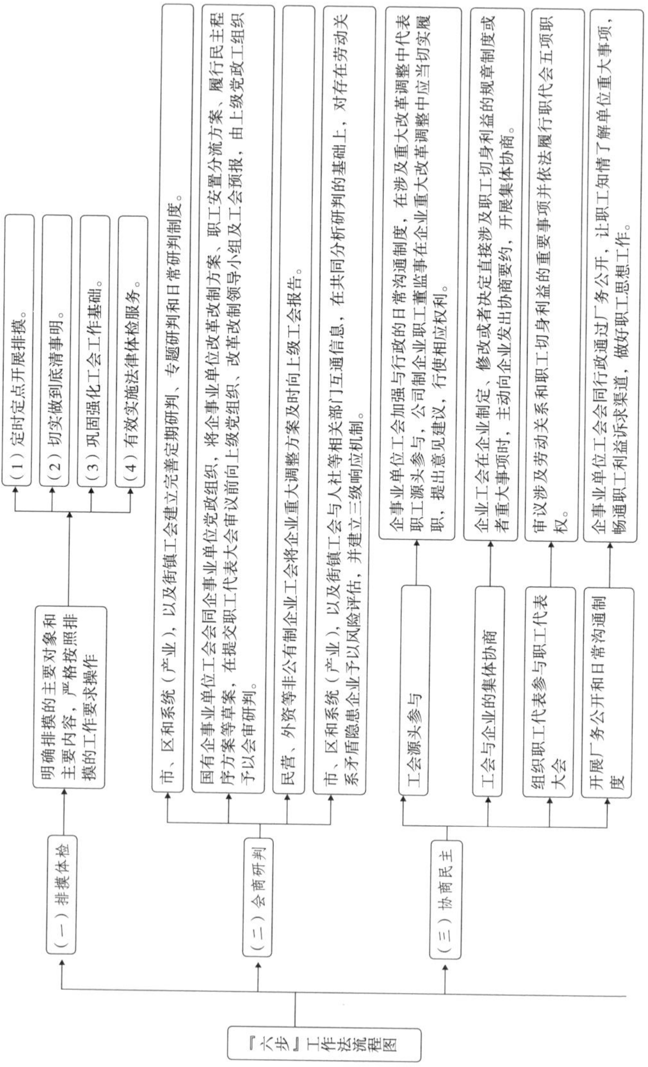
『六步』工作法流程图
（一）排摸体检
明确排摸的主要对象和主要内容，严格按照排摸的工作要求操作
（1）定时定点开展排摸。
（2）切实做到底清事明。
（3）巩固强化工会工作基础。
（4）有效实施法律体检服务。
（二）会商研判
市、区和系统（产业），以及街镇工会建立完善定期研判、专题研判和日常研判制度。
国有企事业单位工会会同企事业单位党政组织，将企事业单位改革改制方案、职工安置分流方案、履行民主程序方案等草案，在提交职工代表大会审议前向上级党组织、改革改制领导小组及工会预报，由上级党政工组织予以会审研判。
民营、外资等非公有制企业工会将企业重大调整方案及时向上级工会报告。
市、区和系统（产业），以及街镇工会与人社等相关部门互通信息，在共同分析研判的基础上，对存在劳动关系矛盾隐患企业予以风险评估，并建立三级响应机制。
（三）协商民主
工会源头参与
企事业单位工会加强与行政的日常沟通制度，在涉及重大改革调整中代表职工源头参与，公司制企业职工董监事在企业重大改革调整中应当切实履职，提出意见建议，行使相应权利。
工会与企业的集体协商
企业工会在企业制定、修改或者决定直接涉及职工切身利益的规章制度或者重大事项时，主动向企业发出协商要约，开展集体协商。
组织职工代表参与职工代表大会
审议涉及劳动关系和职工切身利益的重要事项并依法履行职代会五项职权。
开展厂务公开和日常沟通制度
企事业单位工会同行政通过厂务公开，让职工知情了解单位重大事项，畅通职工利益诉求渠道，做好职工思想工作。

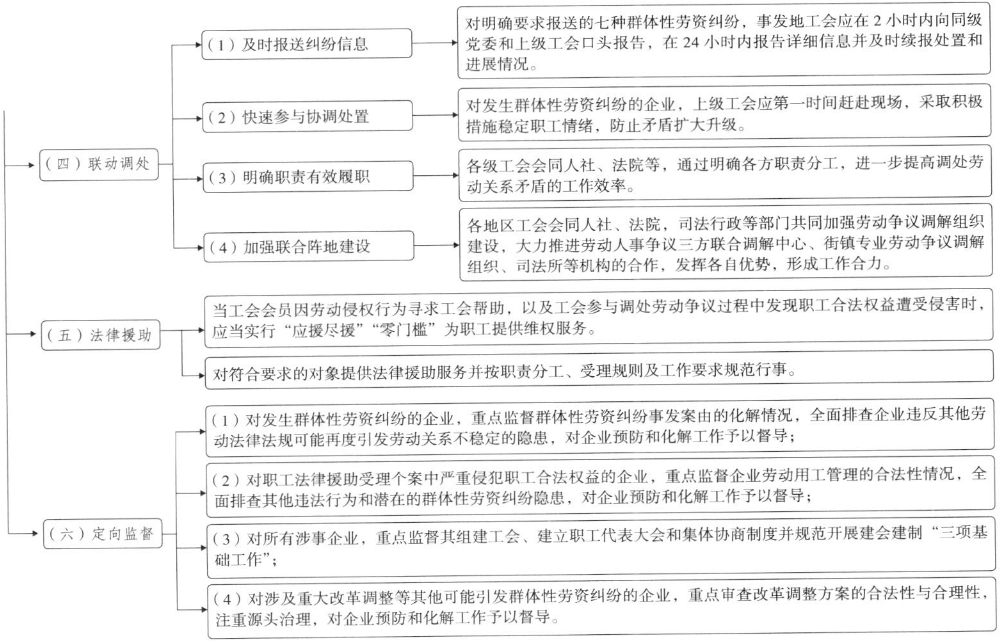
（四）联动调处
（1）及时报送纠纷信息
对明确要求报送的七种群体性劳资纠纷，事发地工会应在 2 小时内向同级党委和上级工会口头报告，在 24 小时内报告详细信息并及时续报处置和进展情况。
（2）快速参与协调处置
对发生群体性劳资纠纷的企业，上级工会应第一时间赶赴现场，采取积极措施稳定职工情绪，防止矛盾扩大升级。
（3）明确职责有效履职
各级工会会同人社、法院等，通过明确各方职责分工，进一步提高调处劳动关系矛盾的工作效率。
（4）加强联合阵地建设
各地区工会会同人社、法院，司法行政等部门共同加强劳动争议调解组织建设，大力推进劳动人事争议三方联合调解中心、街镇专业劳动争议调解组织、司法所等机构的合作，发挥各自优势，形成工作合力。
（五）法律援助
当工会会员因劳动侵权行为寻求工会帮助，以及工会参与调处劳动争议过程中发现职工合法权益遭受侵害时，应当实行“应援尽援”“零门槛”为职工提供维权服务。
对符合要求的对象提供法律援助服务并按职责分工、受理规则及工作要求规范行事。
（六）定向监督
（1）对发生群体性劳资纠纷的企业，重点监督群体性劳资纠纷事发案由的化解情况，全面排查企业违反其他劳动法律法规可能再度引发劳动关系不稳定的隐患，对企业预防和化解工作予以督导；
（2）对职工法律援助受理个案中严重侵犯职工合法权益的企业，重点监督企业劳动用工管理的合法性情况，全面排查其他违法行为和潜在的群体性劳资纠纷隐患，对企业预防和化解工作予以督导；
（3）对所有涉事企业，重点监督其组建工会、建立职工代表大会和集体协商制度并规范开展建会建制“三项基础工作”；
（4）对涉及重大改革调整等其他可能引发群体性劳资纠纷的企业，重点审查改革调整方案的合法性与合理性，注重源头治理，对企业预防和化解工作予以督导。

图 3 “六步”工作法流程图

一、排摸体检清底数

自 2017 年开始，上海市总工会将排摸体检工作纳入工会劳动关系工作年度重点。各级工会组织在所属企事业单位涉及重大改革调整和日常用工管理过程中，对职工劳动合同、工作岗位、薪酬福利以及职工思想动态等情况开展排查，全面真实了解和掌握企事业单位影响劳动关系稳定方面存在的风险隐患和矛盾纠纷，并加以工作指导。

（一）排摸体检的主要对象

排摸体检的主要对象包括：年内具有改革调整任务的企事业单位；受年度或特定时期经济形势等因素影响的相关行业、企业；新闻媒体或网络平台反映的涉及职工权益维护、劳动关系稳定等方面的相关行业和企业，以及农民工、灵活用工人员、劳务派遣、劳务外包等劳动者群体；上级工会或有关部门要求调查了解的相关行业、企业或职工群体。

（二）排摸体检的主要内容

一是企事业单位改革调整的类型、时间、涉

及的人数、对职工劳动关系处置的方式，以及此类调整对职工工作岗位、薪酬福利、工作时间、思想动态、队伍稳定等方面的影响。

二是企事业单位因日常用工管理或应对经济下行等因素影响，调整变更薪酬福利、工作岗位或工作时间等行为，对职工工作生活的影响，以及职工队伍稳定等问题。

三是企业欠薪欠保、拖欠职工工资、违法延长劳动时间、擅自更改劳动规章制度等问题。

四是职工投诉、举报、反映，以及新闻媒体或网络平台曝光的企事业单位侵犯职工权益、存在的安全生产事故隐患等问题。

五是工会组织和集体协商、职工代表大会等制度在预防化解劳动关系矛盾中需要进一步加强和改进的问题。

六是其他侵犯职工权益、影响职工队伍稳定等问题。

（三）排摸体检的工作要求

1. 定时定点开展排摸。

各级工会按照排摸要求，制订工作计划表、路线图，有效实施定期或不定期的排摸。其中，对年内具有改革调整任务企业的排摸，一般应每年开展一次，并在年初予以实施；对特定时期受经济形势影响的行业、企业及相关职工群体的排摸，上级工会组织和有关方面要求调查了解的特定企业和职工群体情况，以及职工投诉举报和新闻媒体、网络平台反映问题等情况的排摸，应当实施即时排摸。

2. 切实做到底清事明。

各级工会要深耕基层，围绕排摸对象和排摸内容，有效实施排摸调查工作，通过与企事业单位党政领导座谈、职工访谈，以及查阅相关资料、及时甄别核实相关情况等方式，全面真实了解掌握不同企事业单位在改革发展中存在的各类劳动关系矛盾隐患，真正做到底数清、事态明。

3. 巩固强化工会工作基础。

加强基层工会组织建设，健全完善各项协调劳动关系制度机制，有效发挥基层劳动争议调解组织作用，切实履行维权维稳职责，从源头上预防群体性劳资纠纷。

4. 有效实施法律体检服务。

针对排摸中发现的突出问题，通过工会法律

顾问、签约律师事务所等专业力量，依法依规为企业开展劳动法律体检服务，指导帮助企业查找法律风险，持续改进方式，依法规范用工。

二、会商研判共评估

各级工会加强对排摸体检情况的分析研判，会同有关方面，完善风险评估和等级响应机制，切实做好信息报送和矛盾化解的工作指导和跟踪督导。

（一）会商研判方式

市、区和系统（产业）以及街镇工会建立完善定期研判、专题研判和日常研判制度。

定期研判应当每季度开展一次，全面分析上一季度本地区、系统所属企事业单位存在的劳动关系矛盾隐患、职工权益维护及队伍稳定等问题，深入评估下一季度的趋势走向，明确相应的对策措施。

专题研判主要是对本市或本地区、系统有一定影响的职工权益受损或劳动关系矛盾隐患事件，组织开展的即时研判。工会组织应当会同有关方面，认真分析事件性质，科学判断事件趋势，积极开展专业的服务指导，一企一策，形成预案，并明确责任清单，抓好工作落实。

日常研判主要是针对本市或本地区、系统所属企事业单位涉及关停并转迁以及日常用工管理过程中存在的侵犯职工合法权益、造成职工思想波动、引发职工队伍不稳定的苗头性、倾向性问题，组织开展日常的分析研判。着重分析问题成因、症结所在，有针对性地向所属企事业单位和工会提出对策建议，指导基层见微知著、防早防小，推动源头化解风险隐患。

（二）对企事业单位重大改革调整的会商研判要求

1. 国有企业和事业单位改革改制方案的会审。

国有企业和事业单位工会应当会同本单位党政组织，将改革改制方案、职工安置分流方案、履行民主程序方案等草案，在提交职工代表大会审议前向上级党组织、改革改制领导小组及工会预报，由上级党政工组织予以会审研判。其中，履行民主程序方案应包括本单位职工代表大会换届年限、职工代表人数、结构比例及资格认定、职工代表大会的议程、表决的方式等内容。对历史原因致使职工代表大会和职工代表没有按期改选的问题，要在上级工会指导下，由改革改制企事业单位的党组织和工会先行研究解决。

2. 非公有制企业重大调整方案的会审。

民营企业、外资企业等非公有制企业工会应当将企业重大调整方案及时向上级工会报告；会同或督促企业行政，并通过咨询律师、法律顾问等专业人员，或提请企业主管部门、所在地的政府相关部门和上级工会、企业代表组织予以帮助和服务，进一步完善企业重大调整中的劳动关系变更方案，以及其他涉及职工切身利益重大事项的计划、方案。

（三）实施风险评估和等级响应

市、区和系统（产业）工会，以及街镇工会与人力资源社会保障等相关部门互通信息，在共同分析研判的基础上，对存在劳动关系矛盾隐患企业予以风险评估，并建立三级响应机制：

Ⅰ级为存在严重侵犯职工权益违法行为，较易引发对全市或本地区、本系统有一定影响的群体性劳资纠纷预警案件，工会组织应当牵头同级相关职能部门，在 24 小时内对涉事企事业单位进行约谈和工作指导、督导。

Ⅱ级为存在侵犯职工权益违法行为或者可能引发局部地区、系统群体性劳资纠纷预警案件，工会组织应当牵头相关职能部门，在48小时内对涉事企事业单位进行约谈和工作指导、督导。

Ⅲ级为存在一般轻微侵犯职工权益违法行为或者劳动关系存在不和谐因素的事件，工会组织应当在3个工作日内，或牵头相关职能部门，或单独上门，对涉事单位进行约谈和工作指导、督导。

（四）信息报送和处置要求

各地区、系统和街镇工会应当将定级为Ⅰ级、Ⅱ级风险案件，第一时间向同级党委、政府（行政）报告，并通过上海工会预防和化解群体性劳资纠纷信息平台向市总工会报送预警信息。其中，对《上海工会预防和参与处置群体性劳资纠纷实施办法》中明确要求报送的八种预警信息，须高度关注，重点报送。群体性劳资纠纷发生后必须24小时内向市总工会书面报告，并在第一时间派员赶赴事发现场，参与事件的调处化解工作，并及时续报事件的化解进展情况。

各级工会会同党政组织和人力资源社会保障、企联、工商联等部门，共同帮助企业查找劳动关系风险防控点和工作薄弱点，并通过切实有效的改进措施，最大限度地把劳动关系矛盾预防化解在萌芽状态。要特别强化对具有改革调整任务的企事业单位，以及涉及职工整体利益调整企业的工作指导，通过实施上门服务，或者会同各级劳动监察组织，共同开展劳动法律监督和法律体检服务，开展“会商、会研、会审”制度，形成“一企一策”的工作预案，综合评估企业调整、涉及职工切身利益的安置分流、薪酬福利、工作岗位和劳动时间等方案，源头维护职工权益，确保改革调整平稳有序。

各级工会要第一时间介入并全程跟踪监测和参与处置劳动关系矛盾隐患预防化解工作，直至隐患消除，事态平息。要积极会同党政组织和有关部门，落实防控措施，做好维稳预案。要站稳职工立场，指导和协调企事业单位，畅通职工利益诉求通道，积极回应职工关切，有序有效解决各类利益矛盾。

三、协商民主解难题

通过集体协商、职工代表大会等民主协商和民主管理制度，有效平衡企业与职工之间的利益诉求，努力促使劳资分歧或劳动争议优先通过企业内部协商机制得到妥善解决。

（一）工会源头参与

1. 企事业单位工会的日常源头参与。

企事业单位在研究决定涉及职工切身利益重大事项和劳动关系变更事项时，企事业单位工会代表职工提出意见建议，并会同行政依法履行相应协商民主程序。

2. 企事业单位工会在改革调整中的源头参与。

国有企业和事业单位在涉及改革改制事项时，工会主要负责人进入改革领导小组，工会代表进入改革工作小组，全过程参与改革的各项工作，从源头上确保改革平稳推进，维护好职工权益。

其他企业重大调整涉及劳动关系变更等事项时，企业工会向上级工会组织报告，争取工作指导和帮助，并在上级工会指导下，积极向行政提出相关意见建议。

3. 公司制企业职工董事、职工监事源头参与。

公司制企业工会主席一般作为职工董事候选人，经公司职工代表大会民主选举进入董事会。符合条件的，应当进入董事会薪酬与考核等委员会。工会副主席一般作为职工监事候选人，经公司职工代表大会民主选举进入监事会。尚未设立职工董事的公司，职工监事履行职工董事相应职责。

职工董事在公司董事会审议有关劳动关系方面的议案或与职工切身利益相关的重大事项时，事先听取公司工会和职工代表大会代表的意见，并在董事会上充分发表意见，发现有损职工利益或可能引发职工队伍不稳定事项时，向董事会提出暂缓建议。

职工监事应当主动参与监事会对公司贯彻执行涉及职工切身利益事项的劳动法律法规和规章制度，建立集体协商、职工代表大会、劳动争议调处等制度建设，以及落实职工代表大会审议通过事项等的监督检查。

（二）工会与企业的集体协商

1. 协商的主要内容。

企业工会在企业制定、修改或者决定直接涉及职工切身利益的规章制度或者重大事项时，应当主动向企业发出协商要约，开展集体协商，具体包括：劳动报酬、工作时间、休息休假、劳动安全卫生、保险福利、职工培训、劳动纪律、劳动定额、法律法规规定的其他内容。

如企业需要裁减人员 20 人以上或者裁减不足 20 人但占企业职工总数 10% 以上的，劳动纠纷导致群体性停工、上访的，以及生产过程中发现存在重大事故隐患或者职业危害的，企业工会应当及时向企业发出协商要约，并与企业开展集体协商。

2. 协商的主要程序。

（1）职工方协商代表产生：已经建立工会的企业，职工一方的协商代表由本企业工会选派，建立女职工委员会的，应当有女性协商代表；首席代表由工会主要负责人担任。

（2）发出协商要约：企业工会在征求职工意见建议的基础上，形成初步协商议题，向行政方发出书面协商要约。

（3）协商准备：双方同意集体协商之日起15日内产生协商代表，并书面告知对方；确定职工方协商代表的各自分工，并对其进行有针对性的教育培训；在广泛征求职工和企业方的意见基础上，双方共同制定协商方案，确定协商议题，明确协商重点。

（4）正式协商：集体协商会议由协商双方首席代表共同轮流主持；提出协商议题的一方应当就议题的具体内容、理由依据，以及解决方案作出详细说明；双方首席代表归纳协商意见，就协商一致的内容提出共同确认的表述方法。对形成共识的集体合同草案、专项集体合同草案或集体协商纪要等文件，由双方首席代表签字。

3. 事业单位的协商。

事业单位工会就解决职工劳动就业、技能培训、工资报酬、安全健康、社会保障以及职业发展、民主权利、精神文化需求等问题，积极与本单位行政协商，表达职工诉求，提出解决的意见建议。

（三）组织职工代表参与职工代表大会

1. 职工代表大会审议涉及劳动关系和职工切身利益的主要事项。

（1）企事业单位的发展规划，年度经营管理情况和重要决策，以及决定改制、合并、分立、搬迁、停产、解散、申请破产等重大问题。

（2）企事业单位制订、修改、决定直接涉及职工切身利益的规章制度或者重大事项，以及改革改制中职工分流安置、经济补偿等劳动关系变更的方案。

（3）工会与企业就职工工资调整、经济性裁员、群体性劳动纠纷和生产过程中发现的重大事故隐患或者职业危害等事项进行集体协商的情况。

（4）集体合同草案、专项集体合同草案；企事业单位因劳动关系变更方案引发群体性劳动纠纷，依照规定开展集体协商形成的专项集体合同草案。

（5）国有、集体及其控股企业的薪酬制度，福利制度，劳动用工管理制度，职工教育培训制度，改革改制中涉及的职工安置方案，以及其他涉及职工切身利益的重要事项。

（6）事业单位的职工聘任、考核奖惩办法，收益分配的原则和办法，职工生活福利制度，改革改制中涉及职工安置方案，以及其他涉及职工切身利益的重要事项。

（7）职工代表大会提案办理、职工代表大会审议通过的重要事项落实、集体合同和专项集体合同履行、劳动安全卫生标准执行、社会保险费缴纳、职工教育培训经费提取使用等情况。

上述（4）、（5）、（6）事项，需经企事业单位职工代表大会表决通过后，方可实施。

2. *履行职工代表大会的主要民主程序*。

（1）提交职工代表大会审议和审议表决的书面材料，企事业单位在职工代表大会召开的七日前送交职工代表；职工代表团（组）组织职工代表讨论，由企事业单位工会及时汇总整理职工代表团（组）的意见和建议。

（2）召开职工代表大会时，企事业单位工会在行政负责人报告重大改革调整计划、劳动关系变更方案，以及其他涉及职工切身利益重大事项后，向职工代表报告与行政协商、修改完善方案的情况说明，接受职工代表的审议。如果出现职工代表对涉及职工切身利益事项方案存在较大分歧的，工会应当会同行政重新协商，并提交职工代表大会再次审议。

（3）集体合同草案、专项集体合同草案等事项，应当提交职工代表大会审议表决通过，方可实施；国有企业和事业单位应当将劳动关系变更方案、劳动规章制度，以及其他涉及职工切身利益重大事项，提交职工代表大会审议表决通过后，方可实施。其他企业可以将劳动规章制度，以及其他涉及职工切身利益事项提交职工代表大会审议通过，也可以针对职工代表讨论所形成的意见，与企业行政平等协商确定。

（4）企事业单位工会及时公布职工代表大会决议及涉及职工切身利益的相关事项，并与行政共同做好解释和宣传工作。

（四）开展厂务公开和日常沟通制度

企事业单位工会会同行政方通过厂务公开，以及其他适当沟通方式，及时公开职工养老、失业、医疗等社会保险金和住房公积金缴纳，企业执行国家和政府规定的劳动安全卫生保护、职工教育培训费提取使用、企业依据劳动规章制度处分职工等情况。

企事业单位工会通过劳资恳谈会、民主协商会、电子邮箱、内部 OA 系统等渠道，及时收集职工各种利益诉求，并会同行政及时回应职工合理要求，共同做好职工思想工作、心理疏导等。

四、多方联动强调处

市和区总工会，以及街镇总工会健全完善与党政部门和有关方面信息沟通、联动调处机制，加强阵地和队伍建设，共同预防和参与处置、化解劳动关系矛盾。

（一）工会参与联动调处的渠道

社区、产业园区、商业街区、商务楼宇等区域，以及餐饮、物业、建筑等行业劳动争议调解组织。

街镇、开发区总工会与人力资源社会保障、司法行政等相关部门共同组织设立的劳动争议调解机构。

市、区总工会在同级劳动人事仲裁院和人民法院设立的工会法律援助窗口，市、区劳动人事争议三方联合调解中心工会分中心，相关地区法院设立的劳动争议巡回法庭等机构。

市、区总工会和下属职工服务中心设立的劳动争议调解机构、品牌工作室。

（二）工会参与联动调处的人员

工会参与联动调处的人员主要包括：各级工会干部、工会公职律师；职业化、社会化工会工作者；工会劳动关系工作指导员；工会劳动争议兼职仲裁员、劳动争议调解员、劳动法律监督员；各级工会聘请的社会专业律师、法律援助志愿者。

（三）工会参与联动调处的工作要求

1. 及时报送纠纷信息。

对《上海工会预防和参与处置群体性劳资纠纷实施办法》中明确要求报送的7种群体性劳资纠纷，事发地工会应当在事发2小时内向同级党委和上级工会口头报告，在事发24小时内通过上海工会预防和化解群体性劳资纠纷信息平台报告详细信息，并及时续报处置和进展情况。

2. 快速参与协调处置。

对发生群体性劳资纠纷的企业，上级工会要第一时间赶赴现场，在地区劳动关系矛盾处置机制的框架内，会同有关方面，共同采取积极措施稳定职工情绪，引导职工理性依法维权，防止矛盾扩大升级。

3. 明确职责有效履职。

各级工会会同有关方面，通过明确各方职责分工，进一步提高调处劳动关系矛盾的工作效率。工会组织着重负责收集整理职工利益诉求、稳定职工情绪、引导职工理性维权，指导督促用人单位依法履行协商民主程序等工作。会同人力资源社会保障等部门依法调解，调解不成的，引导进入仲裁程序，依法及时处理；协同人民法院，共同为农民工讨薪、群体性劳动争议案件开辟绿色通道，按照“快立快审快结快执”原则，及时化解矛盾。

4. 加强联合阵地建设。

各地区工会应当会同人力资源社会保障、司法行政等部门共同加强街镇、园区、行业等劳动争议调解组织建设，大力推进劳动人事争议三方联合调解中心、街镇专业劳动争议调解组织、司法所等机构的合作，发挥各自优势，形成工作合力。

五、法律援助重保护

各级工会加大职工法律援助服务力度，拓宽援助服务范围，明确援助服务对象、健全完善援助标准和实施办法，依法为职工提供法律援助服务工作。

（一）服务对象

当工会会员因劳动侵权行为寻求工会帮助，以及工会参与调处劳动争议过程中发现职工合法权益遭受侵害时，应当实行"应援尽援"、"零门槛"为职工提供维权服务。符合下列条件的，应作为重点服务对象：（1）职工本人及其家庭经济状况符合政府提供法律援助经济困难标准的（本市城乡低收入家庭人均可支配收入标准）；（2）职工本人月平均收入不超过本市最低工资标准1.5倍的；（3）持有本市有效工会会员服务卡的；（4）农民工请求支付劳动报酬、工伤赔偿的；（5）涉及职工十人以上的群体性纠纷；（6）工会干部因履行工会职责，合法权益受到侵害的。

（二）服务范围

各级工会免费为职工提供下列法律援助服

务：法律咨询；代写法律文书；参与协商、调解；代理仲裁、诉讼。

（三）职责分工

上海市总工会负责统筹推进本市工会法律援助工作，指导督促各级工会法律援助有效落实。协调政府职能部门和相关各方，强化推进工作中的问题研判和政策研究，不断提高工会法律援助工作规范化、制度化、法治化水平。

各区总工会，市、区两级职工法律援助中心，各街镇、园区总工会及其下设劳动争议调解站点，是职工法律援助服务的具体承办单位，按照工会法律援助案件工作流程完成法律援助案件的承接、审核、指派、归档等各项工作，确保法律援助工作有序开展。

（四）各级工会法律援助受理规则及工作要求

法律咨询、代写法律文书等法律援助服务应当根据“谁受理、谁处理”的原则，由接受申请的法律援助机构处理。

代为协商调解、代理仲裁、诉讼的法律援助案件，原则上参照劳动争议案件管辖规定确定承办单位：

一是经审查用人单位所在地或劳动合同履行地位于本辖区内，且符合受理条件的案件应由本级职工法律援助中心办理。

二是经审查用人单位所在地和劳动合同履行地均位于本辖区以外，但符合受理条件的案件，应移送至用人单位所在地或劳动合同履行地职工法律援助中心办理。对于移送有异议的，由上海市职工法律援助中心协调处理。

三是上海市职工法律援助中心及工作站受理案件由市职工法律援助中心审核办理，或根据需要统筹协调至相应地区职工法律援助中心办理。

四是各级工会上报的劳动争议典型侵权案件、具有重大社会影响的案件或主动申请上级支援的案件，由上海市职工法律援助中心办理。

五是"申工社"微信平台、手机 App 以及"12351"职工维权服务热线来电收到的法律援助申请，由上海市职工法律援助中心统筹处理。市职工法律援助中心认为需要上报的重大、典型侵权案件，应及时报送上海市总工会相关职能部门，由职能部门统一协调。

六是各级职工法律援助中心在收到法律援助

申请时，发现不属于本地区管辖的，应当先行受理，进行案件移送，并对当事人进行释明告知。

各级工会依托上海工会法律援助服务平台，进一步做实工会法律援助工作。市、区总工会可通过平台数据统计分析功能，对近年来工会法律援助案件数量、援助类型、受援对象、争议案由、办理结果、挽回经济损失情况等多项内容进行实时掌握，为及时了解各地区法律援助工作推进情况、开展法律援助工作调研提供数据支持。

六、定向监督促整改

各级工会聚焦劳动关系的突出问题与重点领域，针对企事业单位劳动用工管理、工会组织建设和协调劳动关系制度建设等方面存在的问题，进行有效的监督。

（一）监督的主体

上海市总工会统筹协调全市工会定向劳动法律监督工作，并对重大案件实施监督。具体工作由市总工会劳动关系工作部承担。

各区、系统（产业）工会根据涉事企业的工会隶属关系或所在地区、系统，委托或联合所属系统、所辖街镇园区的工会，开展工会定向劳动法律监督。

对特别重大案件，各区、系统（产业）工会可向上海市总工会提出申请，由市和区、系统（产业），以及街镇园区多级工会联合开展工会定向劳动法律监督。

（二）监督的对象

一是经上海工会预防和化解群体性劳资纠纷信息平台确认发生群体性劳资纠纷已结案的企业。其中，出现关闭停产、破产清算、搬迁至外省、市等无法开展工会劳动法律监督的情况除外。

二是各级工会在职工法律援助受理个案中发现严重侵犯职工合法权益的企业。

三是具备组建工会、建立职工代表大会和集体协商制度条件但未依法执行，或不规范开展建会建制“三项基础工作”情节严重的企业。

四是其他已经存在苗头性、倾向性问题，并可能引发群体性或重大劳资纠纷的企业。

（三）监督的内容

开展工会定向劳动法律监督，应当在遵循工会劳动法律监督基本原则的基础上，因企制宜，确定重点：

一是对发生群体性劳资纠纷的企业，重点监督群体性劳资纠纷事发案由的化解情况，全面排查企业违反其他劳动法律法规可能再度引发劳动关系不稳定的隐患，对企业预防和化解工作予以督导。

二是对职工法律援助受理个案中严重侵犯职工合法权益的企业，重点监督企业劳动用工管理的合法性情况，全面排查其他违法行为和潜在的群体性劳资纠纷隐患，对企业预防和化解工作予以督导。

三是对所有涉事企业，重点监督其组建工会、建立职工代表大会和集体协商制度并规范开展建会建制“三项基础工作”。

四是对涉及重大改革调整等其他可能引发群体性劳资纠纷的企业，重点审查改革调整方案的合法性与合理性，注重源头治理，对企业预防和化解工作予以督导。

（四）监督的程序

1. 排查汇总。

各地区、系统（产业）工会应当在每季度最后一个月的 25 日前，通过工会劳动法律监督系统平台，审核并汇总本地区、本系统（产业）拟开展监督企业名单。

2. 实施监督。

各级工会根据确定的企业名单实施监督。工会劳动法律监督员在履行监督检查职责时不得少于 2 人，并主动向被查单位出示劳动法律监督证件，告知企业监督检查的目的、内容、要求、方法。工会劳动法律监督员应依据相关要求进行调查询问，并将现场情况在工会劳动法律监督系统平台上予以记载保存。

3. 监督反馈。

各地区、系统（产业）工会应在每季度最后一个月的 25 日前，完成当季度工会定向劳动法律监督工作，并将监督情况通过工会劳动法律监督系统平台报送市总工会劳动关系工作部。

4. 整改处理。

在实施工会定向劳动法律监督过程中，对存在严重问题的企业，各街镇、园区工会可视情开具《上海工会劳动法律监督提示函》，要求企业在限定时间内予以整改。对逾期未整改的，各地区、系统（产业）工会应当开具《上海工会劳动法律监督整改意见书》，要求企业在90日内予以改正。对逾期仍不改正的，各地区工会应向同级国有资产、教育、科技、文化、卫生等主管部门和人力资源社会保障等行政管理部门开出《上海工会劳动法律监督处理建议书》，督促企业在30日内予以改正；各系统（产业）工会则应向市总工会提出书面申请，由市总工会向企业主管部门或人力资源社会保障部门开具《上海工会劳动法律监督处理建议书》，督促企业在30日内予以整改。对经督促拒不改正的，按照市总工会制定的公共信用信息管理办法的相关规定，将企业违法信息纳入市失信管理信息平台，并督促持续整改。

5. **加强指导**。

各级工会要加大对企业工会组织建设和协调劳动关系体系建设的工作指导，要聚焦街镇、区域或行业、企业“小三级”工会，分别明确不同层级工会组织在协调劳动关系中的职责定位，按照“要素管理、阶段推进”的原则，指导非公有制企业通过起步、基本达标、达标、示范四个阶段，循序推进协商民主制度建设，有效协调劳动关系，促进企业和职工在协商共谋中共同发展。

第四章

配套保障制度机制

前章对上海工会预防化解劳动关系矛盾“六步”工作法的具体操作策略和步骤流程进行了翔实介绍，让我们对整个工作有了更加直观全面的了解和认识。然而，我们必须看到，“六步”工作法的推进，并不是单项工作，在以这六个关键步骤为基本框架的基础上，还需要完备的配套制度机制予以保障和支撑，以协助推动解决各方面的难点、打通各环节的堵点。而且，保障是否得力，衔接是否充分，直接影响到工会协调劳动关系工作能否有效开展。

一、工会组织覆盖保障

建会建制是深入企业开展劳动关系矛盾预防化解工作的“铺路机”。上海工会顺应现代化产业体系发展趋势，不断丰富和创新建会入会方式，持续推动工会组织和企业民主管理制度向非公企业广泛覆盖，使工会工作在基层企业扎根生长，随着工作的积累和服务的沉淀，不少企业和职工都完成了从认识工会到了解工会再到认可工会的思想转变，为“六步”工作法的展开架设了沟通桥梁和提供了制度性框架。

（一）健全“小三级”工会组织体系

出台《关于加强街镇“小三级”工会组织规范建设的指导意见》、《关于进一步加强上海工会组织体系建设 激发基层活力的工作意见》等文件，推进构建街镇“小三级”工会组织体系，发挥街镇总工会承上启下作用，强化区域性行业性工会联合会（“小二级”工会）服务非公企业和小微企业职工的独特优势，实现兜底吸纳、“应入尽入”。

推广宝山区顾村镇、闵行区梅陇镇的先进经验做法，明确“小三级”工会的职责定位，明确行业和区域联合工会职责是：贯彻街镇总工会工作要求，建立健全本行业或本区域集体协商、职代会制度以及劳动争议调处机制；指导推进企业建立集体协商职代会制度或其他适合企业实际的劳资沟通制度；加强对企业劳动关系矛盾的预防调处，加强与企业工会及经营管理方的密切沟通。

目前，上海各类“小二级”工会已超过 1100 家，覆盖基层单位 6 万多家，覆盖职工 160 万人。

（二）推动建会向非公企业延伸

推动国企工会履行社会责任扩大工会覆盖面，制定《关于加强国有企业劳务派遣工、外包工等各类用工人员入会和服务的指导意见》，督促与国企有业务关系的外协单位、合作企业等建立工会组织，鼓励国企如上海机场集团、临港集团等工会与地区工会合作组建区域性工会联合会，对劳务派遣工或项目外包工等进行工会组织覆盖与工作覆盖。成立上海著名外企工会联合会，推出组建服务、赋能服务、科创服务三大类 24 个服务项目清单，加快落户上海的世界 500 强等大型外企建会进程。会同有关部门联合出台《上海推进新就业形态劳动者入会和服务保障工作的指导意见》，持续推动饿了么、美团（上海）、拼多多、圆通、中通等平台企业或行业头部企业建立工会组织，吸引新就业群体加入工会。推动新就业形态劳动者工作站点以工会小组形式加入街镇“小二级”工会。开展扫码入会试点，在饿了么平台骑手中，通过手机移动端推送灵活就业群体专享基本保障信息，实现骑手入会和送保障一键确认。

（三）加大企业民主协商、民主管理制度覆盖

推动企业普遍建立以职工代表大会为基本形式的企事业单位的民主管理制度，推进职工董事、职工监事、厂务公开、集体协商等民主管理和民主协商制度规范化建设，并推动纳入企业法人治理体系。已建会企事业单位动态建制率达到70%以上，地区具备协商条件的企业集体协商动态建制率不低于90%，工资集体协商建制率不低于80%。

从非公企业所处经营发展的不同实际出发，设立起步、基本达标、达标、示范四个阶段，对应提出工作标准和工作要素，循序推进协商民主制度建设。在此过程中，首先要摸清底数，因企制宜，制订推进实施计划；其次是重点掌握企业内部单独建制企业与以行业或区域两项制度覆盖企业的关系。

二、工会源头参与保障

源头参与是工会组织有效发挥桥梁纽带作用的“发动机”。上海工会充分用好这个重要制度

设计突出优势，主动争取各级党委、政府和行业主管部门的支持，推动“六步”工作法中涉及体制机制的重大问题取得突破甚至得到彻底解决。

（一）推动建立政府与工会联席会议机制

2018 年，上海市总工会会同市政府办公厅联合印发《关于建立完善人民政府与工会联席会议制度的意见》，明确建立本市各级政府与工会联席会议制度。五年来，全市 16 个区、215 个街道（乡镇）和 10 个市级园区（工业区、开发区）全部建立联席会议制度，各级政府与工会联席会议聚焦深化工会改革、产业工人队伍建设改革及促进职工维权服务体系建设等重点，加大协同推进力度，首创“1+X”上下联动会商模式，将市级联席会议的一项议题作为区、街道（乡镇）联席会议指定议题，推动其落地落实落细；同时指导各地结合本级实际，聚焦职工职业发展、维权服务、关心关爱等内容，分层分类设置会商协商议题，政府与工会协商解决共同关心问题的机制运行顺畅，工会履职环境进一步优化。

（二）充分用好人大、政协协商民主机制

一方面，上海市总工会积极推动各类劳动法

规的制定完善。2015 年以来，先后完成《上海市集体合同条例》、《上海市职工代表大会条例》、《上海市工会条例》等地方性法规的修订工作，并积极推动市人大开展《上海市职工代表大会条例》执法检查和监督检查，进一步夯实职工维权服务体系的法治基础。另一方面，充分发挥工会界别等人大代表、政协委员的作用，重点聚焦职工维权、困难帮扶、就业援助、安全生产和劳动关系矛盾预防化解等方面，提出代表建议和提案，为健全完善职工维权服务体系积极建言献策。

（三）深度参与协调劳动关系三方机制

上海市总工会持续推动健全政府、工会、企业共同参与的协商协调机制，有效参与市协调劳动关系三方机制各项工作，积极推动本市最低工资标准、企业工资指导线的调整发布，联合开展和谐劳动关系创建示范活动，共同选树金牌劳动人事争议调解组织和金牌劳动关系协调员，每年推动修订《上海市女职工权益保护专项集体合同（示范文本）》，联合推进女职工专项权益和农民工工资支付情况的专项检查，将推动职代会、集体协商等协商民主制度建设、新就业形态劳动者权益维护等工作纳入三方工作要点，定期协商协调，在涉及职工切身利益的政策制定上牢牢站稳职工立场，发表工会主张。

（四）建立健全“工会+”跨部门联动机制

全面对标对表全国总工会构建落实“五个坚决”长效机制要求，坚持地区协同、机制协同、工作协同，与党委、政府有关部门主动对接联动，同步建立“工会+政法委”维稳信息报送研判、“工会+人社”矛盾纠纷对表联查、“工会+公安”信息联动预警调处、“工会+仲裁院+法院”劳动争议调裁诉对接、“工会+民政”联系引导社会组织和“工会+检察院”职工劳动权益保障协同等六项工作机制，深化信息共享、会商研判、联动处置、联合调研等各项工作，切实发挥跨部门联动机制在预防化解劳动关系矛盾、促进劳动关系和谐稳定中的重要作用，形成职工维权服务工作合力。

三、人才队伍建设保障

人才队伍是确保“六步”工作法行稳致远的“驾驶员”。群团改革以来，上海工会系统已专聘

230 名劳动关系工作指导员和 400 多名社会化工会工作者以及若干劳动争议调解员、劳动法律监督员、工会劳动争议兼职仲裁员，签约 70 多家律师事务所的 500 多名律师，按照角色分工，常年常态化参与风险排摸、法律体检、风险评估、协商指导、联动调处、应急处置、法律援助以及法律监督等预防化解劳动关系矛盾各方面工作。上海市总工会加强专项经费投入，并按照“多使用、多补贴”的原则进行动态调整，保障各区配备劳动关系指导员、聘请社会律师事务所等基础费用，以及各区开展工会调解、法律援助等专项办案补贴费用。区局（产业）工会、基层工会也根据自身实际情况，叠加配套资金。

（一）组建劳动关系工作指导员

贯彻落实国家关于构建和谐劳动关系相关文件及本市群团改革精神，在 2011 年建立的区县工会工资集体协商专职指导员基础上，2016 年进一步组建成立劳动关系工作指导员队伍，夯实各区、街镇（开发区）总工会协调劳动关系工作基础。

劳动关系工作指导员重点围绕推动构建和谐劳动关系开展工作，包括指导和推进企业劳动关系相关制度建设、直接参与劳动关系协调以及重点行业和区域集体协商等。劳动关系工作指导员主要来源为工会或人事管理、劳动保障、司法、律师等相关工作经验的退休人员，年龄一般不超过 63 周岁，实行聘任制，与区总工会签订劳务协议，相关经费由市、区两级总工会承担。

（二）培育职业化社会化工会工作者队伍

2016 年，出台《关于加强社会化工会工作者队伍建设的指导意见》及配套的《关于建立健全社会化工会工作者薪酬体系实施意见》、《关于加强社会化工会工作者培训的实施办法》，聚焦工会枢纽型社会组织建设，以“社会化运作、契约化管理、专业化培训、专业化发展”，探索社会化工会工作者职业化、专业化发展道路。

由上海市总工会、各区总工会及区级财政共同出资，按照每 2000 名至 3000 名工会会员或 30—50 家工会配备 1 名工会社工的比例，为街镇（开发区）“小三级”工会组织充实工作力量，逐步建立了一支 3000 人以上、来源广泛、结构合理、能力过硬、素质优良、心系职工的社会化工会工作者队伍，其中超过 400 人专职从事与劳动关系相关工作。这支队伍的不断发展壮大，进一步夯实了上海工会预防化解劳动关系矛盾工作的人员力量。

（三）发展劳动争议兼职仲裁员、劳动争议调解员、劳动法律监督员

这三支队伍主要由兼职人员组成，包括劳动关系工作指导员，社会化工会工作者，具有公务员、事业编制身份的工会干部，公职律师，社会律师等。虽然并非专职队伍，但他们仍然是工会参与解决劳动争议的主力军之一，上海工会也专门制定了《上海市职工法律援助补贴费用指导标准》、《上海工会劳动法律监督办案补贴办法（试行）》等补贴政策，充分调动兼职人员提供法律咨询、参与工会调解、开展劳动法律监督的积极性。

在研究补贴政策时，首先将补贴覆盖范围严格限定为非公职人员。其次，设定的补贴标准也充分考虑到兼职岗位属叠加而非新设的客观实际，在已经给予本职岗位相应薪酬保障的基础上再叠加适当补贴。例如，劳动关系工作指导员、社会化工会工作者只有在完成 8 件法律援助案件的基础上，超出案件才能享受办案补贴，每月领取的补贴金额最高不超过 7000 元。非公职身份劳动法律监督员开展劳动法律监督，按照每人每天 150 元的标准予以补贴。

四、工会阵地服务保障

工会法律服务阵地是推动解决劳动关系矛盾的“加油站”。阵地建设强弱，直接表现为服务质量优劣，直观反映出工会预防化解效能高低，间接影响到工会组织专业权威的社会评价，因此，必须坚持深耕细作、久久为功，努力让工会法律服务阵地辨识度更高、覆盖面更广、体验度更佳、获得感更强，真正成为上海工会“六步”工作法的一张名片。

（一）完善实体阵地布局

经过十余年的建设发展，上海工会系统在市、区、街道（乡镇、园区）共设立 339 个职工法律援助或劳动争议调解工作站点和若干工会劳动争议巡回法庭；在全市各级人民法院、劳动人事争议仲裁院普遍设立职工法律服务窗口站点；在工会系统内部培育孵化出“朱雪芹”职工法援工作室、“喻学记”劳动争议调解工作室、劳动关系矛盾调处工作室等多个工会法律服务品牌，指导园区及企业建立面向内部的劳动争议调解委员会，使工会法律服务阵地呈现分层分类、多元多级的立体布局。

上海市总工会还专门印发《本市工会劳动争议调解组织实体化建设指导标准》，指导各区、街道（乡镇）工会调解组织按照“五规范六上墙”要求，统一规范标识，明确职责和流程，方便职工群众就近找到工会组织寻求法律帮助，切实发挥出基层工会服务阵地源头参与、属地化解的综合优势。

（二）探索媒体热线网络阵地建设

上海工会系统充分依托《劳动报》、劳动观察 App、“12351”职工维权服务热线、微信公众号、“随申办”移动端等工会媒体热线网络阵地，推介工会劳动争议调解、法律援助等各类法律服务，并开设线上申请通道。

例如，在上海市总工会“申工社”微信公众号开设“我要维权”栏目，职工可在线申请法律援助，实现网上预审；上海市总工会在“随申办”移动端工会专窗开设“法律援助”模块，点击进入即可浏览或查找全市所有职工法律援助或劳动争议调解工作站点具体地址、联系电话、接待时间等基础信息。宝山、普陀等区总工会也积极尝试在“随申办”移动端上设立区级在线法律援助通道，并且实现了线上受理、审核、派单等一站式服务，为广大职工提供了获取工会法律服务的更多选择。

五、信息系统支撑保障

信息系统是工会全面了解掌握全市群体性劳资纠纷动态以及快速响应和参与处置的“雷达器”，对及时预警、过程跟踪、精准指导、高效化解劳动领域重大矛盾纠纷至关重要。依靠信息技术手段，为“六步”工作法不同阶段工作的顺利开展提供网络化、数字化、智能化支撑，能够有效弥补传统管理服务方式在时间延伸、空间拓展和数据处理等方面的固有缺陷，大幅提高预防化解工作能级。

（一）打造“上海工会预防化解群体性劳资纠纷履职平台”

2014 年，“上海工会预防化解群体性劳资纠纷履职平台”上线，统一归集各级工会发现上报的劳动关系矛盾纠纷或风险隐患，并通过设置红、黄、绿三色灯对区局（产业）工会履职情况进行通报。其中，针对发生群体性劳资纠纷但未在规定时间上报的，亮“红灯”警示，涉事企业工会组建、职工代表大会、工资集体协商等三项工作中有至少一项未落实的亮“黄灯”提醒；全部按照要求完成的，亮“绿灯”以示达标。2018 年，结合群团改革新要求，对平台进行升级改造，调整设计为群体性劳资事件预防预警、纠纷处置、后续工会基础工作等三大工作模块，并增加了手机上报功能。2022 年，进一步完善了平台的数据登记统计、比对分析功能。多年来，平台累计接报群体性劳资纠纷、劳动关系矛盾预警和互联网舆情 2000 多件，其中 90% 以上的事件都得到及时有效调处化解，未酿成重大的劳资矛盾。

（二）创设“上海市企事业单位职代会线上系统平台”

随着中国企业不断在国内外、海内外拓展规模，不少上海地区的企业出现管理层级多、人员分布广、沪外海外职工聚集困难等新情况新特点，再加上近几年改用居家办公应对新冠疫情对经营产生的不利影响，传统意义上的现场职代会面临诸多困难和挑战。为了更好适应企业经营决策发展的新特点，更好统筹发展和安全，上海市总工会启动探索企业民主管理制度“互联网 +”实践路径，于 2021 年 6 月正式推出“上海市企事业单位职代会线上系统平台”。

借助该系统平台，既可以全流程线上召开，也可以采用线上线下议程相融合的形式召开。通过对会议议程和相关材料的“云端”把关和互联网技术融合，可以预先手把手辅导企事业单位对照标准流程操作，最大限度避免了因位置、时间、工作、人员等客观因素容易造成的程序不规范等情况发生。

该系统平台上线以来，总体运行情况平稳良好，已累计服务 100 余家单位顺利召开线上职代会，尤其是在防疫期间，发挥了不可替代的重要作用，实现了便捷、高效、公开、透明的“互联网 +”民主管理预期目标。

（三）推出“上海工会法律援助服务平台”

2016年“上海工会法律援助服务平台”上线运行，分设工会法律援助和定向监督两个子平台。其中，工会法律援助子平台集成法律咨询、代写法律文书、代为协商调解、代理仲裁诉讼等功能，设有法律援助案件管理、法律援助队伍管理、数据统计等多个业务应用模块，规范和优化了工会线下法律援助案件登记、受理、办理、结案、终止等工作流程，实现了案件办理效率的显著提升。通过将工会法律援助与法律监督、法治宣传等工作进行有效整合，形成“1+1>2”的倍增效益，实现了工会法律援助工作网络化、手段现代化。

六、路径设计规范保障

路径设计规范是推动劳动关系矛盾有效化解的“导航仪”。制度顶层设计带有统筹性、根本性和指导性。完善制度设计是各项工作顺利推进的基本保障和重要前提。劳动关系矛盾复杂多变，预防化解工作需要因势利导、综合施策，不可能毕其功于一役，因此，在实施“六步”工作法过程中，要特别注意充分运用法治思维和法治方式强化制度供给，及时研究制定工作指引、操作指南、实施意见等制度性文件，形成工作规范和明晰实施路径，及时回应并制度化解决“六步”工作法推进过程中出现的新情况新问题，保障预防化解劳动关系矛盾工作的有效和长效推进。

（一）设立“法律体检”和“和谐劳动关系优化指导服务”

2017 年试点启动了一项旨在评估企业劳动关系状况的专项排查工作，帮助部分企业及时发现并妥善处置用工法律风险。2021 年，在总结借鉴先行地区过去 4 年试点经验基础上，升级推出“法律体检”实事项目，指导各区总工会以购买法律服务形式，深入 500 家重点企业开展法律风险评估工作，找准企业在用工管理、民主管理等方面的隐患问题，研究拟定有针对性的解决措施，指导企业整改完善，进一步凸显各级工会排摸体检工作实效。

从 2022 年起，上海市总工会进一步优化升级“和谐劳动关系建设优化指导服务”，并将其纳入上海市法治为民办实事项目。升级后的优化指导服务项目，每年覆盖范围放大至 1 万家企业，聚焦重点行业，分类指导处于初创期、成长期、上升期和成熟期等不同发展阶段的企业，以及受疫情影响生产经营发生困难的企业、各级工会孵化和联系引领的社会组织以及其他可能存在影响劳动关系和社会面稳定因素的企业，提供“点对点”、“一企一策”的优化指导服务方案。

（二）研究制定协商民主相关操作指引

聚焦各级企业单位在企业实施重大改革调整和修改劳动规章制度中如何有效发挥作用的问题，近年来，上海市总工会与有关方面共同制定《关于促进本市企业重大改革调整中劳动关系稳定的操作指引》、《关于本市企业制定修改劳动规章制度的操作指引》，从酝酿起草、审议决定、执行实施三个阶段设计企业重大改革调整方案相关工作步骤和程序规范，对未建立工会组织的企业如何实施重大改革调整以及特殊情况下的民主协商程序作出规定，从起草确定、公示告知、执行完善三个阶段规范劳动规章制度修改操作程序。

2021 年，上海市总工会编写出版了《集体协商 职工代表大会工作实务操作手册》，为基层企事业单位完善内部协商协调机制提供指引。此外，还及时制定《上海市企事业单位网络职工代表大会工作规程》，明确网络职代会是现场职代会的补充。企事业单位依法规范召开的网络职代会与现场职代会具有同等效力。对因客观情况，或遇突发性、临时性、紧急性事项无法召开现场职代会的，可以通过召开网络职代会履行相应民主程序。同时，规范网络职代会的法定程序，严格按照职代会法定议事要求设置网络职代会的基本规则，确保网络职代会的各项议事内容和程序合法有效。

（三）丰富多元预防化解制度供给

上海市总工会主动加强与法院、人社、司法行政的沟通协调，会商研究制定“四方合作”多元预防化解劳动关系矛盾工作制度，打破信息壁垒、整合优质资源、弥补自身短板，合力提升劳动关系矛盾源头预防化解效能。

2017 年，会同市人力资源社会保障局制定《关于在本市劳动争议调解仲裁工作领域加强人社、工会部门合作的实施细则（试行）》，深入全市各级劳动人事争议仲裁委员会联合指导成立三方联合调解中心工会分中心；与市司法局签署《关于加强劳动争议调解和职工法律援助工作的合作纪要》，推动政府法律援助与工会维权服务互为补充。

会同市高级人民法院、市人力资源社会保障局、市司法局，分别于 2017 年和 2019 年联合制定《关于共同加强本市劳动关系矛盾预防化解工作的意见》、《关于进一步加强“四方合作”机制建设 做好本市劳动关系矛盾预防化解工作的通知》，围绕劳资纠纷排摸预警、劳动争议调解组织赋能、职工法律援助对接、群体性劳动关系矛盾应急处置、劳动法律监督协作联动等十个方面建立合作。

2019 年，联合上海市高级人民法院下发《关于进一步加强合作试点开展劳动争议诉调对接工作的通知》，试行劳动争议诉调对接，让工会组织接受法院委托参与开展劳动争议案件诉前诉中调解和释法答疑工作。

2023 年 10 月，上海市总工会、上海市人民检察院联合召开“工会 + 检察院”职工劳动权益保障工作推进会，专题部署推进“工检协同机制”建设相关工作，双方共同签署合作协议并联合印发《关于建立“工会 + 检察院”职工劳动权益保障协同工作机制的意见》，从沟通联络、信息通报、线索移送、会商研判、办案协作、法宣联动等六个方面开展合作，在探索构建涵盖群体性劳动关系预警排查、纠纷化解和职工维权服务的一体化工作格局上迈出了坚实一步，在持续加强对劳动领域社会公共利益和劳动者权益的保护方面取得了积极成效。

第五章

工作法的评估与完善

上海工会坚持以习近平新时代中国特色社会主义思想特别是习近平总书记关于工人阶级和工会工作的重要论述为指导，深入学习贯彻落实党的二十大精神，立足有效发挥桥梁纽带作用基本站位，坚持和发展新时代“枫桥经验”，举全会全系统之力创新实施“六步”工作法，注重运用法治思维和法治方式推动解决劳动关系矛盾的深层次问题，推动劳动关系矛盾源头化解、属地化解，充分体现了工会组织的政治性、先进性、群众性。

本章将着重对上海工会预防化解劳动关系矛盾“六步”工作法相关工作成效进行总结呈现。同时，结合上海工会当前工作推进中仍然面临的困难挑战，对“六步”工作法加快升级推出2.0版作初步探索。

一、“六步”工作法的主要成效

“六步”工作法取得的主要成效，可以呈现

的维度和具体内容有很多，有预防、有化解，有协商调解、有仲裁诉讼，有建章立制、有方法路径。我们从显而易见的直接效果、紧密相关的叠加效果以及超出预期的宏观效果三方面着手，层层展开、系统阐述，前后呼应、相得益彰，希望能够为进一步认识理解“六步”工作法提供新的视角。

（一）直接效果

实践证明，实施“六步”工作法对企业劳动关系风险隐患和矛盾纠纷进行监测、研判、应对、处置，有助于进一步摸清企业在劳动关系领域的真实情况，及时把风险隐患解决在萌芽状态，把矛盾纠纷化解在基层，真正实现源头防范化解。

1. 推动劳动关系矛盾得到及时有效化解。

工会的及时介入，紧紧抓住了解决劳动关系矛盾的窗口期，从日常排查、预警应对、推动协商、案件代理等多个环节发力，力争以最小成本代价取得最理想的化解效果。嘉定区某外资企业计划将540余名派遣员工转为劳动合同制员工，以符合派遣用工比例降至10%的要求。不料，派遣公司以损害其预期可得的管理费为由拒绝办理退工。属地工会从排查到预警信息时就开始介入，向公司多次提出协商解决遭拒后果断安排援助律师代表职工申请仲裁。仲裁裁决后，派遣公司试图通过法院起诉实施“拖延战术”时，区总工会并没有简单应诉，而是协调相关职能部门启动群体性劳资矛盾应急处置预案，共同约谈派遣公司再次开展调处工作，同时，通过《劳动报》全版发表特别专访，对派遣公司予以公开谴责，最终促使该公司服判息讼，使这些职工正常就业以及连带的看病就医、子女就学等社会福利保障免受波及。

工会的跨前对接，使得职工诉求第一时间得到积极回应，避免了矛盾纠纷的激化升级，为后续妥善解决争取到了回旋空间。2018 年，位于浦东新区的某 500 强企业发生劳务外包群体性纠纷，近百名员工因不满劳务外包公司擅自变更劳动关系，在该企业厂区门口聚集维权。属地镇总工会获悉情况后迅速赶赴现场，弄清事情原委、稳定员工情绪、主动约谈企业，避免了事态的扩大。通过后续的协商调解会议，各方最终同意延长劳务外包公司业务外包合同至职工劳动合同期满，届时再根据职工意愿并严格按照相关法律规定解决续订劳动合同事宜。

工会的专业判断，打消了企业方试图闯关的心理预期，为促成协商解决劳动争议创造了更加有利的条件。杨浦区总工会在调处某起劳资纠纷时，针对该公司及代理律师的强硬态度，工会法律援助律师敏锐地指出公司在未经职工代表大会审议的情况下单方发出停业通知，违反民主程序应属无效。上述意见一击便切中要害，考虑到违法解除赔偿金法律风险的可能性，公司最终做出让步，向 13 名员工支付了经济补偿金和提前通知期工资。

2. 职工劳动合法权益得到切实维护。

群团改革以来，工会法律服务阵地高密度、多形式的建设以及工会调解、工会法律援助等专业服务近乎“零门槛”的线上线下覆盖，让职工获取工会支持和帮助更加及时便捷，直接减轻了职工维权的经济负担，更重要的是让职工在迷茫困顿之际充分感受到了组织的温暖，增强了摆脱困境的信心和底气。2018 年，普陀区总工会朱雪芹职工法律援助工作室帮助 9 名残疾职工顺利讨回拖欠的工资，但不承想，拿到工资仅仅一周，他们就又收到公司《不续签劳动合同通知书》，却只字未提经济补偿金。工会法律援助坚持“应援尽援、一援到底”，经过两次劳动仲裁，为他们挽回停工期间工资和终止劳动合同经济补偿等近 20 万元。

工会参与的劳动争议案件调解成功率和仲裁诉讼完全胜诉率连续多年维持在较高水平，充分展现了工会法律服务队伍的专业水准，进一步减轻了职工维权的思想负担。2016 年市总工会职工服务中心受理的一起铟中毒导致肺部受损的职业病认定纠纷，涉及关联企业之间的混同用工、职业病认定的技术判断等专业问题，虽然职工提供的证据很不充分，但在职工法律援助中心以及援助律师抽丝剥茧、专业细致的帮助下，案件经过仲裁、一审、二审历时近两年，最终职工关于工伤保险待遇的相关请求全部得到支持。

据不完全统计，2016—2023 年，上海工会累计投入 1.26 亿元专项资金，经由职工法律援助或劳动争议调解工作站点为职工提供法律服务 50.45 万件次，其中，法律咨询帮助 23 万余件次，法律文书代拟 1.01 万件、协商调解 1.93 万件、仲裁诉讼代理 6.19 万件，调解成功率达 88.70%，仲裁诉讼胜诉或部分胜诉率达 90.92%，帮助 26 万余名职工挽回经济损失 62.89 亿元。

3. 风险隐患防范机制得到巩固深化。

自 2017 年启动企业用工法律风险排摸，到后来的法律体检以及和谐劳动关系建设优化指导服务，各级工会组织通过问卷调查、资料查阅、实地考察、深入访谈、咨询问答、书面交流、法律培训等方式，指导帮助大量企业第一时间排查发现了用工问题短板和准确识别出了法律风险，真正做到了把先期隐患消除在萌芽状态，极大地延长了应对后续可能出现的矛盾的战略纵深，使劳动关系风险隐患防线不断前移并得到有力巩固和加强。例如，闵行区属地镇总工会得到预警信息：某生产妇女服装用品的外资公司因多年亏损决定提前解散，288 名员工面临解除劳动关系并引发失业问题。闵行区总工会获悉情况后多次上门，与公司工会共同研究完善职工安置方案，并联合有关部门为这批大龄女性职工组织专场招聘会。在公司关闭过程中，公司工会也积极当好职工传声筒，赢得职工充分信任。在各方共同努力下，最终促成企业平稳解散，避免了一起群体性纠纷的发生。

2020 年，我们聚焦年内具有改革调整任务的企业、受疫情影响出现临时性困难以及在网络上引起关注的企业，联合有关部门实施风险评估，精准指导拉夏贝尔等十几家大型生产制造型企业采取预防性措施，有效避免了影响企业和社会稳定矛盾的发生。2021 年，上海各级工会共对发现的 180 多家有苗头性倾向性问题企业予以预警处置，对 400 多家涉及重大改革调整的企业进行会研会商会审，实现九成以上企业及时消除隐患、平稳实施改革的良好效果，前瞻解决了 8 万余名职工的后顾之忧。

（二）叠加效果

在预防化解劳动关系矛盾的工作实践中，工会组织“职工最信赖的娘家人”更加名副其实、深入人心。更为重要的是，上海工会通过实实在在的工作成效，正在影响着越来越多的企业、职工和基层工会组织更加重视劳动关系，越来越接受以民主协商、依法调解来消除分歧、解决争议，以制度设计、机制优化来科学防范劳动领域法律风险，推动了工会工作特别是协调劳动关系工作的整体进步。

1. 协商调解成为劳动领域定分止争的优选方式。

推动企业劳资关系健康平稳发展，是企业与职工、政府与社会的一致目标，协商调解以其独特的制度优势和有效方法，正日益影响着更多企业和职工通过沟通对话解决分歧。闵行区某工业园区内外资公司因年度奖金分配一事，与公司工会及职工产生较大分歧致使集体协商陷入僵局，并引发网络关注。市、区两级总工会一直在密切关注事件进展，一方面分别与公司工会和公司行政方进行多次沟通协调，促成了继续协商解决的共识；另一方面又邀请法律顾问团、职工维权律师志愿团以及工业园区商会等专业力量协助参与调处和提出建设性方案。经过最后一轮近 5 个小时的集体协商，终于促成双方达成一致，消除了劳资双方间的隔阂，也切实维护了集体协商制度的权威。

协商调解为企业实施重大改革调整保驾护航，通过搭建协商平台、规范民主程序、共同参与方案研究拟订等，实现企业与职工的双赢。宝山区某中外合资电梯公司拟撤销部分科室改为业务外包，涉及 68 名员工分流安置。公司管理层希望“速战速决”，但又担心处置不当影响到公司经营管理，举棋不定。区总工会接报后，立即指导属地镇总工会及公司工会与公司行政方反复沟通，打消公司对协商调解的顾虑，并调派充足力量驻场指导和推动协商调处。经过两周时间，分流安置方案获得职代会审议通过，68 名职工全部签约，为此次企业重大改革调整画上了完美句号。

2. 企业法人治理结构得到优化。

工会定向劳动法律监督在推进工会组织建设和优化企业法人治理结构中的重要作用是不可替代的，特别是在开具“一函两书”后逾期仍不改正的，企业违法信息将被纳入市公共信用信息服务平台，形成了对企业有错必改、建会建制的有力威慑。松江区某外资企业多次拒绝建会，直到区总工会介入开具整改意见书并进行充分的释法明理和耐心引导后，企业方终于意识到拒不建会的法律后果。最终，该企业在区、镇两级总工会的监督指导下，于当年完成工会组建和召开一届一次职代会，与职工签订了集体合同。

实施"和谐劳动关系建设优化指导服务"，帮助企业排查化解劳动关系风险隐患及矛盾纠纷，也带动了各类型企业正视问题、查摆原因、举一反三，对企业运营管理制度机制进行自查自纠，补齐短板、补强弱项，企业法人治理结构得到明显优化。对于评价为"达标"的对象企业，引导和培育其申报创建国家或本市劳动关系和谐企业；对于评价为"基本达标"、"不达标"的对象企业，提出相应措施推动其整改优化，直至纳入工会定向劳动法律监督对象范围，多措并举促使企业加强规范用工和完成建会建制。该项目连续两年被上海市委依法治市委员会纳入法治为民办实事项目。

在这一过程中，上海市总工会、各区局（产业）工会还注重加强经验总结，形成本地区、本系统包括职代会、集体协商建制运行的情况在内的劳动关系状况总体评估报告，选评优秀案例、推广先进做法，以点带面、示范带动，不断扩大辐射效应。绝大多数央企在沪总部、市属国有企业建立了集团多级职代会制度。探索建立了以协商恳谈、职代会（联合）会议、建会建制工作联动和全网协商协调为代表的协商协调“上海模式”，推动饿了么、叮咚、盒马（中国）、圆通、中通、申通、韵达、极兔、德邦9家总部在沪的互联网平台企业，全部建立了全网协商协调机制，推动美团（上海）等网约送餐平台企业建立了地区总部民主协商制度，推动哔哩哔哩（B站）、米哈游、盒马、叮咚买菜、巨人网络、东方财富、科大讯飞、博世（中国）等一大批互联网头部企业、百强民营企业、世界500强外资企业相继完成建会建制，帮助解决新就业形态劳动者最关心、最直接、最现实的痛点难点堵点问题，更好地推动他们成为美好生活的受益者、分享者。中华全国总工会党组书记、副主席、书记处第一书记徐留平在上海市工会第十五次代表大会上特别指出，创建新就业形态劳动者民主协商“上海模式”，为全国工会工作提供了宝贵经验和有益借鉴。

3. 推动劳动关系法规政策更加健全。

上海工会在丰富多元预防化解制度供给中形成的制度文件，为推动劳动关系领域相关法规政策的制定和完善提供了积累和借鉴。例如，我们针对大量非公企业实施关停并转迁或重大调整给劳动关系稳定和职工权益带来的影响，在积极推动市人大修改完善《上海市职工代表大会条例》、《上海市集体合同条例》的基础上，协调市人社、司法、企联和工商联分别制定实施《关于促进本市企业重大改革调整中劳动关系稳定的操作指引》、《关于本市企业制定修改劳动规章制度操作指引》，将法律制度细化为可供操作的工作路径，两个操作指引出台后，因非公企业重大改革调整引发的群体性纠纷当年同比下降13%。

近年来，我们推动上海市人大将企业实行职代会和集体协商制度情况纳入工会劳动法律法规监督检查内容，赋予工会发放“一函两书”的权力。制定实施了《上海工会定向劳动法律监督实施办法》以及配套的《上海工会归集和管理失信信息办法》，明确企业违反工会组建、职代会和集体协商建制和不规范运行时，工会组织将企业失信信息纳入市公共信用信息服务平台的工作流程。群团改革以来，全市各级工会共对1000余家企业实施了定向监督，对200多家企业开具“一函两书”，推动了包括世界500强企业在内的90%以上问题企业及时整改。

（三）宏观效果

“六步”工作法既有排忧解难的解决问题能力，又有防微杜渐的教育警示意义，更有着眼长远的牵引推动作用，加速了劳动关系矛盾多元化解格局进一步形成的进程，推动上海地区劳动关系更加和谐稳定。

1. *劳动关系矛盾多元化解格局进一步形成。*

“三方协商”、“四方合作”等多元化解机制高效运转。上海工会劳动关系矛盾风险排查化解机制已经被纳入全市社会稳定风险评估机制和社会矛盾排查预警机制，并正在深度融入平安上海、法治上海建设大格局。

上海工会系统充分发挥组织网络健全的优势，及时了解和掌握企业在日常管理，特别是重大改革调整过程中劳动关系的处置情况和涉及职工切身利益等重大事项，一旦发现可能引发劳动关系矛盾苗头性、倾向性问题，就能及时介入并视情况向上级工会和同级人社等相关部门通报和寻求帮助，联合开展风险评估、加强预警监测，共同指导有关各方做好应对预案。

在调处化解重大疑难复杂矛盾时，工会、人社、司法、公安以及相关行业主管部门间的协同联动得到进一步巩固和加强，劳动关系矛盾处理关口不断前移、重心持续下移、手段更加多元，把矛盾化解在源头、解决在基层成为现实。上海工会深度参与人社、法院和司法行政部门的劳动争议调解工作，工会法律援助服务覆盖咨询、调解、仲裁和诉讼的全过程，推动调裁诉一体化职工维权服务工作机制不断推向前进。推动设立拖欠农民工工资等案件仲裁诉讼快速处置“绿色通道”，“快立、快审、快结、快执”一步到位，连续四年在国务院组织的保障农民工工资支付工作考核中获得 A 级。上海政务服务平台“一网通办”及移动端“随申办”的解纷“一件事”公共服务事项基本完成对全市各类劳动争议解决资源的集成整合，劳动争议案件“一口申请、一口受理、一口归集、一体管理”的在线办理场景即将到来。

2. *劳动关系总体更加和谐稳定*。

“六步”工作法对防范化解重大风险、推动构建和谐劳动关系以及维护职工队伍和社会大局和谐稳定起到了十分积极正面的促进作用，受到广大职工群众和企事业单位的普遍欢迎。

得益于上海工会推动将工会组织建设、集体协商、职工代表大会、职工董事、职工监事制度写入国有企业章程、纳入国有企业经营管理体系和工作流程，上海国有企业劳动关系进一步巩固。特别是明确公司董事会必须每年专题审议劳动关系重大议题，企业重大改革调整涉及职工切身利益重要事项，董事会应当尊重职工董事意见并严格履行职工代表大会民主程序，从源头上遏制了大量劳动争议的发生。

得益于上海工会在互联网头部企业、百强民营企业、知名外资企业中工会组织建设和民主协商制度建制工作的重大突破，非公企业构建和谐劳动关系进步明显。特别是充分发挥头部企业示范引领作用，推动上下游关联企业建会建制，最大限度地把包括新就业形态劳动者在内的广大职工吸引到工会组织中来，有力稳固了非公企业劳动关系工作基本面。

全市各类用人单位民主制度不断健全，民主形式不断丰富、民主渠道不断拓宽，职工群众诉求表达、利益协调、权益保障通道进一步畅通，职工的知情权、参与权、表达权、监督权得到有效保障，多措并举、多方发力，共同为实现劳动关系总体和谐稳定的良好局面夯实基础。

上海工会统计年报数据显示，截至2023年，上海全市基层工会组织4.89万个，涵盖各类单位15.66万个、工会会员728.63万人。全市基层工会所在单位建立职工代表大会制度3.75万个，涵盖单位9.71万个，涵盖职工557.31万人。全市集体合同覆盖企业9.55万个，覆盖职工433.99万人。全市和谐劳动关系达标企业已达1.1万家。

二、今后工作面临的困难挑战

虽然上海工会在预防化解劳动关系矛盾方面取得了不错的成绩，包括“六步”工作法在内的很多创新探索和经验做法得到上海市委和全国总工会领导的批示，在相当层面的重要会议上多次作交流发言，但是，面对不断发展变化的新形势和新任务，一些与构建和谐劳动关系不协调不适应的问题正在显现，部分原先存在的短板弱项和困难挑战也变得更加明显，亟待进一步研究整改、优化提升。

（一）民营小微企业劳动关系基础有待进一步夯实

根据上海市总工会的统计分析，劳资纠纷调解成功率与工会组织建会率呈正相关，往往工会组织健全、职工代表大会和集体协商机制作用发挥明显的企业，劳动争议量相对较小，即便发生了劳动争议，也基本能得到较好的解决。

民营小微企业既是建会建制低洼地，又是劳资纠纷高发区。可以预见，新就业形态劳动者较为集中的平台企业，将会是未来劳资纠纷的主要来源之一，争议可能主要集中在确立劳动关系、劳动定额、抽成比例、罚款及乱收费、关心关爱等方面。头部平台企业虽然已经完成或正在推进建会建制工作，但是，针对既定协商成果的落地效果以及对增量协商诉求的预判回应，仍有待时间检验。头部平台企业上下游公司以及小微平台企业的工会工作覆盖仍然任重道远。

（二）预防化解工作向互联网覆盖有待进一步加强

包括新就业形态劳动者在内的相当一部分职工群体，具有明显的互联网思维，习惯借助微信群、微博、贴吧等在线抱团维权。各级工会组织虽然有资源、有力量，但苦于缺乏与在线维权职工的对话渠道，难以掌握职工权利遭受侵害的一手信息，支持和帮助职工维权也就无从谈起。工会组织如何占领网络阵地，借力提高在线排查能力和思想政治引领能力，是一道具有超高难度的必答题。

（三）职工民主参与制度有待进一步丰富

部分企业在日常用工管理或重大改革调整中不履行相应民主程序，除了企业法治观念淡薄、民主协商意识缺失、降低用工成本等客观原因外，现行企业民主管理制度与企业生产经营不相适应的问题也值得深入研究，特别是在程序规范、流程设计等方面，是否可以探索繁简分流或创新其他形式，在充分保障职工民主权利的前提下，更好满足不同类型企业的民主管理和民主协商需求。

（四）跨地域跨层级联动工作机制有待进一步深化

上海市总工会积极参与市委政法委主导的社会稳定联动工作机制，全程参与全市劳动领域政治安全相关工作，已形成专项工作机制和联动工作机制，全市各区工会也均已融入区级协调联动工作机制。但在实际工作中，各级工会特别是区局（产业）、街道（乡镇、园区）层面的工会组织与公安、国安、信访、网信、人社、国资、民政等部门的工作协调中还存在信息掌握不够充分、沟通协调不够通畅、联动处置不够及时等问题，亟须加强统筹协调，合力化解劳动领域政治安全事件。

（五）职工法律援助配套机制有待进一步完善

随着上海工会劳动争议调处工作重心不断向基层下移，各区总工会的调解力量又难以分散固定到各个街镇，使得基层劳动争议调解队伍的缺门逐渐增大。同时，随着劳动争议案件的日益专业复杂，工会法律援助队伍办案质量考评机制有待优化。另外，市、区两级工会在推行“一网通办”、“随申办”工会法律服务中存在缺位、错位现象，信息化建设机制有待优化。

（六）工会劳动法律监督的权威性有待进一步彰显

部分非公企业以职工人数少、没有明确时间限制和需要企业内部审批等理由，未能将建会建制承诺付诸行动。部分处于初创期的民营小微企业，片面认为建会建制只会增加企业经营成本。再加上经济下行背景下的企业生产经营现实困难，都对各级工会组织如何平衡好法律监督权威和暂时性豁免提出更高要求。

三、预防劳动关系矛盾的未来探析

2021年，上海市总工会制定下发《进一步深化上海工会改革实施方案》，明确上海工会劳动关系工作三个要深化的重点项目：健全依法有序、广泛参与的民主管理制度；建立更宽领域、更有实效的民主协商机制；实施更高层次、更加专业的职工维权服务。

2023 年 5 月，上海工会第十五次代表大会提出，要推动建设与全过程人民民主最佳实践地相适应的职工权益维护机制，通过把维护职工权益放在促进全过程人民民主的大局中思考和谋划，积极主动做好党的职工群众工作，努力成为联系服务职工群众、创新社会治理的重要渠道和力量，切实保障职工权益，激发职工的主人翁意识和劳动热情。

2023 年 10 月，中国工会第十八次代表大会指出，要用心用情做好维权服务工作，实现好、维护好、发展好职工群众的根本利益，要着眼统筹发展和安全，坚决维护劳动领域政治安全，并从着力维护职工群众劳动经济权益，加强企事业单位民主管理制度建设，积极推动构建和谐劳动关系，有效防范化解劳动领域重大风险隐患等方面作出整体安排。

2023 年 10 月 23 日，习近平总书记在同中华全国总工会新一届领导班子成员集体谈话时强调，工会作为职工利益的代表者和维护者，要认真履行维权服务基本职责，着力解决关系职工群众切身利益的实际问题，重视维护新就业形态劳动者的合法权益。要加强企事业单位民主管理，畅通职工诉求表达渠道，引导职工依法维护自身权益，推动构建和谐劳动关系。

为此，上海工会坚持以习近平新时代中国特色社会主义思想为指导，全面贯彻党的二十大精神，深入贯彻习近平总书记关于工人阶级和工会工作的重要论述，在上海市委及全国总工会的正确领导下，紧紧围绕中国工会十八大及上海市第十五次工代会有关部署要求及《上海工会改革实施方案》既定任务安排，结合近年来的具体实践以及当前及今后一段时期协调劳动关系工作面临的形势任务和困难挑战，形成了预防化解劳动关系矛盾工作未来发展的初步思考。

坚持和发展新时代“枫桥经验”，切实提高上海工会劳动领域重大风险防范化解能力和劳动争议协调解决能力，推动健全和完善劳动领域重大风险及重大矛盾纠纷监测预警机制、应急响应机制和劳动争议多元化解机制，为新时代构建和谐劳动关系、促进职工队伍和社会大局和谐稳定作出积极贡献。具体工作举措设想围绕加强全周期参与、完善全链条维权、推进全要素协商展开。

（一）加强全周期参与

主动全面参与涉及劳动关系和职工切身利益政策法规的制定修订、宣传普及、监督检查。强化源头参与，积极推动《上海市职工代表大会条例》、《上海市集体合同条例》、《上海市女职工劳动保护办法》等涉工法规政策修订，推动市人大以立法形式，开展新就业形态劳动者权益协商协调机制立法。积极推进政府与工会联席会议制度建设，用好人大、政协建言献策平台，重点聚焦新就业形态劳动者、农民工等群体，推动相关政策制度不断完善。在广大职工中普及法律知识，提升职工法律素养。推动政策制度落地落实，并积极参与女职工权益、根治欠薪等涉及劳动关系和职工切身利益的执法检查。

1. 加强对构建和谐劳动关系更高层面的统筹协调。

上海市总工会作为本市构建和谐劳动关系的主要参与单位之一，将依托协调劳动关系三方机制，积极寻求市委支持，争取把构建和谐劳动关系作为各地区党委一项全局性、系统性、经常性、基础性工作来抓，从维护国家政治安全和实现共同富裕的高度，每年召开专题会议进行研究部署，统筹党委、政府、群团组织以及社会各方力量和资源，顶层设计、全面谋划，系统推进。

强化劳动保障监察与工会劳动法律监督的协作，常态化开展联合监督检查，深入企业指导督促规范用工管理。深化劳动争议诉裁调对接机制，联合推进委派委托调解制度，积极参与裁前、诉前调解，畅通工会调解协议书申请仲裁确认和司法确认（含置换民事调解书）通道，进一步提高工会调解的权威性和约束力。发挥工会、人社、法院、检察院、司法行政各方专业优势和组织优势，合力促成劳动争议高效妥善解决。试点探索“调裁立审执”五位一体的劳动争议全生命周期管理。加大对农民工欠薪案件的综合法治保障，发挥先予执行、支付令等制度效能。

2. 加强工会劳动法律监督的定向运用。

实施分级监督，重点聚焦影响政治安全事件、群体性劳资纠纷案件、严重侵犯职工权益个案以及重大风险隐患，上海市总工会主要负责风险评估等级为Ⅰ级的矛盾纠纷或未定级的特别重大案件，区局（产业）工会主要负责风险评估等级为Ⅱ级的矛盾纠纷或未定级的重大案件。

劳动法律监督既要注重查证矛盾纠纷化解实效，也要注意发现矛盾纠纷背后的劳动用工风险隐患。规范劳动法律监督证的管理使用，依法审慎使用《上海工会劳动法律监督提示函》、《上海工会劳动法律监督整改意见书》、《上海工会劳动法律监督处理建议书》和向本市公共信用信息服务平台归集企业违法信息等手段，对企业切实履行包括劳工责任在内的各项企业社会责任形成震慑。

（二）完善全链条维权

坚持和发展新时代“枫桥经验”，完善劳动关系矛盾预防预警、协商调解、法律援助等维权服务机制。积极融入平安上海、法治上海建设工作格局，重点关注有改革调整任务企业、生产经营困难企业和互联网平台企业等，落实“四必查”、“四同步”工作举措。深化细化“六步”工作法，筑牢职工队伍和谐稳定的“防火墙”。扎实推进全市职工法律援助机构标准化、规范化建设，做实“应援尽援”、“零门槛”职工法律援助，努力建设一支业务精、讲奉献、敢担当的工会法律工作者队伍。持续推动地域面积较大，以及企业和职工集聚的园区建立巡回法庭，积极融入“解纷一件事”等平台，使职工寻求法律服务更加便捷高效。推动实现工会定向劳动法律监督与检察院公益诉讼、支持起诉职能的双向赋能，切实保障职工合法权益。

1. 劳动关系矛盾预防化解平台数字化、智能化建设。

做实做优“随申办”工会劳动争议调解和法律援助服务，丰富职工在线申请法律服务渠道，不断完善线上受理、审核、派单等一站式服务，帮助职工获得更便捷、更高效的指尖服务。

依托“随申办”解纷“一件事”平台，进一步畅通工会调解、人民调解、仲裁、诉讼等解纷渠道的数据交互，推动工会调解平台、人社仲裁调解平台、法院“一站式多元解纷平台”和司法行政“智慧调解”平台互联互通，解决工会调解员向多系统重复录入数据的问题。

优化整合“上海工会预防化解群体性劳资纠纷履职平台”、劳动法律监督平台、法律援助平台以及 12351 工会服务职工热线、《劳动报》的数据集成，规范数据信息填报的及时性、准确性、完整性，实现自动归集、统一管理，不断提高工会法律服务数字化、智能化水平。

2. 规范化赋能职工法律援助服务。

建立健全法律援助补贴标准动态调整机制。修改《上海市职工法律援助办法》、《上海市职工法律援助补贴费用指导标准》，根据市场规律，参照上海市司法局法律援助标准，根据法律援助不同服务形式和内容，科学新增或调增办案补贴标准、值班律师法律帮助补贴标准、法律咨询补贴标准等，探索调裁执分阶段补贴制度。

强化新就业形态劳动者法律服务。增加为新就业形态劳动者提供法律援助的服务范围、受理标准、工作流程等内容。全面推行新就业形态劳动者“零门槛”争议调解服务。鼓励各地区联合同级司法行政部门建立新就业形态劳动者法律援助专属通道。

建立健全工会法律服务质量评估机制。加强对法律援助服务质效的监督，制定工会法律援助服务质量标准，逐步推行与服务质量挂钩的差别补贴。在基准补贴的基础上，根据承办案件难度、办案质量等因素上下浮动一定比例，确定不同级别补贴标准，促进承办人员提高服务质量。

深化职工劳动权益保障协同工作机制。在市区两级“工会＋检察院”协同机制全面建成的基础上，进一步健全和完善常态长效制度机制，抓住劳动领域法律法规执行的关键环节、强化横向协调联动，充分发挥检察机关公益诉讼、民事支持起诉等职能作用以及工会组织在维护职工合法权益方面的监督保障作用，推动实现检察机关法律监督与工会劳动法律监督双向赋能，引导督促各类用人单位依法规范用工，共同保障职工劳动权益，探索形成贯彻执行劳动法律、有效化解矛盾纠纷、促进企业健康发展、维护职工合法权益的完整闭环，最大限度凝聚维护职工劳动权益的整体合力，持续加强对劳动领域社会公共利益和劳动者权益的共同保护。

3. 发展工会系统多层次法律服务人才队伍。

培育完善以工会干部为主体的工会法律服务人才队伍。探索培养工会法律明白人，从工会干部、职工代表、集体协商代表等人员中遴选政治立场坚定、在职工群众中较有声望并具备一定法律功底或实务经验的人员担任。强化工会公职律师队伍建设，组织调动工会公职律师深度参与合同审核、合法性审查、法律风险评估等法治化相关工作。协同培养劳动争议仲裁专家人才，建立工会系统兼职仲裁员队伍动态管理长效机制。

引导支持各级工会发展壮大工会社会化法治参与力量。丰富和完善上海工会系统法律专家库，吸纳资深专家学者、教授讲师、行业大咖加入，切实发挥法律顾问和法律咨询作用。发展壮大工会维权律师队伍，做大做优涉及追索欠薪、劳动保护、女职工特殊权益保护等细分领域的专家律师队伍。联系引导社会组织吸纳优秀法治人才，鼓励成立以区域内劳模先进法官、金牌劳动关系协调员、优秀工会法律工作者等命名的法律服务工作室。

有效发挥工会法律服务阵地平台政策育才激励作用。实施工会法治人才系统培养工程，着重加强法律实务培训。坚持思想引领和政策引导相结合，探索工会维权律师定额公益法律服务及公益法律服务抵扣成本税收政策研究。以品牌培育吸附法治人才，用好工会各类阵地及平台资源，团结动员热心公益的法律专业人士关注和参与工会工作。以选树推优激励法治人才，在选树典型、评选表彰、选聘顾问时予以适当倾斜或向相关主管部门单位积极推荐。

（三）推进全要素协商

聚焦新时期职工经济、政治、文化、社会权益全面发展新需求，围绕维护好、发展好广大职工“五个民主”权益，进一步创新路径，不断丰富各类单位民主协商、民主管理制度内涵和形式。推动集体协商提质增效，指导企业就劳动报酬、工作时间等涉及职工权益的事项开展集体协商，积极推动将技能提升、生育保障、身心健康等内容纳入协商范畴。持续探索新就业形态民主协商模式，进一步提高企业民主管理建制率。以“小二级”工会为载体，深化创新区域性、行业性职代会制度，扩大民主管理工作对中小微企业的有效覆盖。丰富基层民主管理形式，积极推广职代会线上系统平台。

1. 分类指导各类单位建立健全民主管理制度。

聚焦健全完善集团多级职代会制度，按照

本市国有企业改革深化提升行动方案（2023—2025），进一步提高将集体协商、职工董监事、厂务公开等民主管理制度纳入企业法人治理体系的覆盖面。加强建会建制工作联动和提高非公企业建制覆盖面，推动百人以上已建会企业职工代表大会、集体协商动态建制率达到 85% 以上。推动各类国有企业建立集团多级职代会制度全覆盖，上海企业 100 强、民营企业 100 强等各类“百强”企业建立民主管理制度全覆盖，新就业形态领域头部平台企业建立协商协调机制全覆盖。聚焦机关事业单位，探索建立民主管理模式和路径。聚焦推进区域性、行业性民主管理制度建设，推广闵行区古美西路街区和光华路社区、普陀区长征镇互联网行业以及杨浦区、静安区家政服务行业开展区域性、行业性集体协商的典型经验，推动在“小二级”工会组织层面，实现企业、区域或行业民主协商“二次覆盖”。

2. 持续加强新就业形态领域协商协调机制建设。

推动落实全总《12 家头部平台企业工会总体工作方案（2023—2025 年）》，会同行业主管部门积极推动本市快递、网约送餐行业平台企业协商成果的落地落实，督促、指导平台企业及其加盟商、站点，进一步完善进入退出、订单分配、计件单价、抽成比例、报酬构成及支付、工作时间、奖惩等直接涉及劳动者权益的制度规则和平台算法，遏制“以罚代管”，指导平台企业建立健全劳动者申诉、调解机制。积极推动网约车司机、集卡司机等群体入会的同时，推动相关行业头部平台企业同步建立协商协调机制。

3. 不断丰富基层民主管理内涵和形式。

贯彻落实新修改的《公司法》和《企业民主管理规定》，制定出台新时代加强企事业单位民主管理工作的指导意见。配合全总开展职工董监事履职情况的调研，研究制定推进厂务公开工作操作指引。推动建立健全班组（车间、项目部）层面落实民主管理制度的有效形式，发挥民主协商、民主管理专门小组的作用，推动提升班组长和工会小组长民主管理履职能力。聚焦提升“互联网＋民主管理”覆盖面，结合国产化替代，提升职代会线上系统平台使用效能，助力规范召开职代会。与科研院所、高校、律师事务所等开展合作，从平台搭建、制度设计、群体覆盖、程序规范等多个方面，开展民主协商形式和路径的全面梳理和研究。

4. 加大工会劳动关系监测点覆盖。

有效发挥工会组织体系和群众工作优势，在本市全部16个区设立工会劳动关系监测点，涵盖国有企业、民营企业、外资企业、建筑工程企业、平台企业、互联网企业等不同业态。建立监测点欠薪报告等信息报送制度，畅通企业直报路径和职工投诉举报通道，及时全面掌握基层劳动关系状况第一手资料。推动劳动关系监测点建立健全劳动关系协商协调机制，保障职工依法行使民主权利，推动构建全体员工利益共同体，让企业发展成果更公平惠及全体员工。

后　记

《“六步”工作法：预防化解劳动关系矛盾的闭环管理》是“中国工会创新工作法”丛书之一。

本书主要聚焦上海市总工会通过实施“六步”工作法推动预防化解劳动关系矛盾的典型经验，为各地工会提供参考，从而主动适应劳动关系形势需要，通过多层多级的上下联动和内外联动，探索创新工会参与社会治理的有效方法，及时预防化解劳动关系矛盾，为构建和谐劳动关系发挥工会组织的应有作用。参加本书编写的主要人员有：赵德关、曹宏亮、孔瑞琨、王珍宝。

由于编者水平有限，本书难免存在不足和疏漏之处，诚恳欢迎广大读者批评指正。

图书在版编目（CIP）数据

“六步”工作法：预防化解劳动关系矛盾的闭环管理 / 上海市总工会编著. —北京：中国工人出版社，2023.10
ISBN 978-7-5008-8259-6

Ⅰ.①六… Ⅱ.①上… Ⅲ.①工会工作—研究—上海 Ⅳ.①D412.851

中国国家版本馆CIP数据核字（2023）第174083号

“六步”工作法：预防化解劳动关系矛盾的闭环管理

出 版 人	董　宽
责任编辑	赵晨羽
责任校对	张　彦
责任印制	栾征宇
出版发行	中国工人出版社
地　　址	北京市东城区鼓楼外大街45号　邮编：100120
网　　址	http://www.wp-china.com
电　　话	（010）62005043（总编室） （010）62005039（印制管理中心） （010）62382916（工会与劳动关系分社）
发行热线	（010）82029051　62383056
经　　销	各地书店
印　　刷	北京中科印刷有限公司
开　　本	787毫米×1092毫米　1/32
印　　张	5.125
字　　数	70千字
版　　次	2024年3月第1版　2024年3月第1次印刷
定　　价	38.00元
